EINE SEELE ERINNERT SICH AN
HIROSHIMA

von Dolores Cannon

Übersetzt von: Mariam Schleiffer

© 1993 bei Dolores Cannon
2. Druck - 2019

Alle Rechte vorbehalten. Kein Teil dieses Buches darf, weder auszugsweise noch im Ganzen, ohne vorherige schriftliche Eraubnis von Ozark Mountain Publishing, Inc. in irgendeiner Form oder mit jedweden Mitteln elektronisch, fotografisch oder mechanisch, einschließlich Fotokopieren, Aufzeichnen oder mittels irgendein Informationsspeicher- und -abfragesystem reproduziert, übertragen oder verwendet werden, mit Ausnahme von kurzen Zitaten in literarischen Artikeln und Rezensionen

Für die Genehmigung oder Serialisierung, Kürzung, Adaption oder für unseren Katalog zu anderen Publikationen schreiben Sie bitte an: Ozark Mountain Publishing, Genehmigungsabteilung, P.O. Box 754, Huntsville, AR 72740-0754, USA.

Kongressbibliothek – Katalogisierung von Daten zur Veröffentlichung
Cannon, Dolores, 1931-2014

Eine Seele erinnert sich an Hiroshima von Dolores Cannon

Ein Fall von Reinkarnation, bei dem ein junges amerikanisches Mädchen Leben und Tod eines japanischen Mannes durch Hypnose-Rückführung nacherlebt.

1. Hypnose 2. Reinkarnation 3. Rückführungstherapie 4. Atombombe
5. 2. Weltkrieg 6. Hiroshima 7. Japan

I. Cannon, Dolores, 1931-2014 II. Atombombe III. 2. Weltkrieg IV. Titel

Katalogkartennummer der Kongressbibliothek: 2020947215
ISBN 978-1-950608-10-2

Einband-Design: Victoria Cooper Art
Das Buch wurde gesetzt in: Adobe Minion & Medici Script
Buch Design: Kris Kleeberg

Herausgegeben von:

P.O. Box 754
Huntsville, AR 72740-0754
Gedruckt in den Vereinigten Staaten von Amerika

Inhaltsverzeichni

Vorwort	i
1. Der Beginn des Abenteuers	1
2. Leben im Colorado-Territorium	8
3. Das Ruhe-Leben	27
4. Das Geheimnis Kommt ans Licht	52
5. Die Erinnerung Kommt Hoch	64
6. Kindheit	76
7. Die Japanische Hochzeit	83
8. Feiertage und Feste	95
9. Der Marktplatz in Hiroshima	101
10. Der Krieg Rückt Näher	109
11. Krieg Zieht über Friedliche Menschen	121
12. Kriegszeit in Hiroshima	142
13. Die Atombombe	153
14. Nachforschungen	174
15. Die Schlussszene	196
Literaturyerzeichnis	226
Über die Autorin	227

*Ich bin der lebendig gewordene Tod,
der Zertrümmerer der Welten.*

—Bhagavad Gita

(Zitiert von J. Robert Oppenheimer, anlässlich seines Gedenkens der ersten Atombomben explosion in der Nähe von Alamogordo, NM, am 16. Juli 1945.)

Vorwort

ICH WAR EIN KIND im Zweiten Weltkrieg und meine Erinnerungen daran sind durch die Sichtweise eines Kindes geprägt. Ich erinnere mich, dass die amerikanische Reaktion auf den heimlichen Angriff auf Pearl Harbor darin bestand, die Japaner als seelenlose Monster zu betrachten. Und ich erinnere mich an die Feierlichkeiten am VJ-Tag (Victory in Japan, z. Dt.: Sieg in Japan, *Anm. d. Übersetzers), die den Bombenangriffen auf Hiroshima und Nagasaki folgten.

Nogorigatu Suragami war ein älterer Mann, der sich an jenem schicksalhaften Tag im Jahr 1945 in Hiroshima aufhielt, als die „Enola Gay" ihre atomare Sprengladung auf die japanische Stadt abwarf. Ich „traf" ihn erst vor kurzem - mehr als 40 Jahre nach seinem Tod.

Nogorigatu war nur eine von vielen Persönlichkeiten, die ich während
der Hypnose-Rückführung mit einer jungen Frau entdeckte, welche ich zufällig auf einer Party traf. Als Erforscherin früherer Leben habe ich Hunderte von Hypnosesitzungen durchgeführt - genug, um mich von der Gültigkeit der Reinkarnation und den vielfältigen Leben, die die meisten von uns geführt haben, zu überzeugen. Aber nie stand ich vor einer Herausforderung, wie sie ein Wesen wie Nogorigatu darstellte.

Mein oberstes Ziel als Forscherin ist es, stets objektiv zu

bleiben, indem ich die Fakten so berichte, wie sie auftreten, ohne emotionen. Nogorigatus Geschichte sollte dieses Ziel auf die Probe stellen und einige alte Überzeugungen erschüttern, bevor sie zu ihrem tragischen Abschluss kam.

Nogorigatus Worte, die von einer zierlichen jungen Frau kamen, ließen erkennen, dass er ein freundlicher, fürsorglicher, intelligenter, geistreicher und charmanter Mann war. Ich betrachtete ihn als meinen Freund, und, wie ich erfahren sollte, dachte er dasselbe von mir. Zu hören, wie er inmitten von Angst- und Verwirrungsschreien seinen eigenen Tod beschrieb, war nicht leicht, und es berührte mich zutiefst.

Es gab viele Geschichten von Schmerz, Tod und Zerstörung, die von Überlebenden des Bombenangriffs auf Hiroshima erzählt wurden. Dies ist der Augenzeugenbericht einer Person, die *nicht* überlebt hat.

Dolores Cannon

Kapitel 1

Der Beginn des Abenteuers

„ICH KENNE DICH VON IRGENDWOHER, nicht wahr?", sagte ich, als ich das hübsche junge Mädchen kennenlernte. „Wo sind wir uns begegnet?"

Als wir uns gegenseitig in die Augen sahen, spürte auch sie es. Es war ein augenblickliches Wiedererkennen, ein augenblickliches „Wissen". Während wir miteinander sprachen, wurde uns klar, dass das unmöglich war. Wir konnten uns nicht zuvor begegnet sein, da sie erst kürzlich aus Texas in unsere Gegend gezogen war.

Es war das Jahr 1983. Ich ging auf eine Party, die von Freunden gegeben wurde, welche sich für Metaphysik und übersinnliche Phänomene interessierten, und Kathryn Harris war mit einem ihrer Freunde gekommen. Nachdem ich mir den Kopf darüber zerbrochen hatte, setzte sich der gesunde Menschenverstand durch und ich musste zugeben, dass es das erste Mal war, dass wir uns getroffen hatten. Doch als ich sah, wie sie im Raum umherging und alle mit ihrer ansteckenden Persönlichkeit infizierte, wurde ich das Gefühl nicht los, dass ich sie kannte. Sie schien mir so vertraut.

Ob dieses Gefühl durch Rückerinnerungen an ein Leben in einer anderen Zeit ausgelöst wurde, in der wir uns vielleicht kannten, oder durch eine Vorahnung an unsere zukünftige gemeinsame Verbindung, werde ich nie wissen. Ich weiß nur, dass unser Treffen auf dieser Party vorherbestimmt gewesen sein muss, denn es war der Beginn eines unglaublichen gemeinsamen Abenteuers.

Keiner von uns konnte in irgendeiner Weise wissen, was im Laufe des nächsten Jahres geschehen sollte. Ich weiß nun, dass wir dazu bestimmt waren, zusammenzuarbeiten, und das Treffen auf der Party war der erste Schritt auf dem Weg ins Unbekannte - ein Weg, von dem es kein Zurück mehr gab.

Ich hatte 1979 mit regressiven Hypnose-Forschungen über frühere Leben begonnen und mit Hunderten von eifrigen und willigen Probanden gearbeitet. Während dieser Zeit hatte ich keine Ahnung, dass ich jemals jemanden wie Kathryn finden würde, die sich mit ihrer unglaublichen Fähigkeit, genaue Einzelheiten zu liefern, als der Traum eines jeden Forschers entpuppen sollte.

Als sich der Vortrag am Abend unseres Kennenlernens meiner Arbeit zuwandte, bekundeten viele Menschen ihre Neugierde und wollten sich mit mir verabreden, um ihre vergangenen Leben zu erkunden. Kathryn war eine von ihnen, und als wir den Termin vereinbarten, hatte ich keine Ahnung, dass sie sich von den vielen anderen, mit denen ich gearbeitet hatte, unterschied.

Kathryn, oder Katie, wie sie ihre Freunde nannten, war damals erst 22 Jahre alt. Sie war klein und eher drall für ihr Alter, mit kurz geschnittenem blonden Haar und strahlend blauen Augen, die unter die Oberfläche anderer zu dringen schienen. Sie strahlte Charisma aus jeder Pore ihrer Haut aus und erschien so glücklich und lebendig, so interessiert an Menschen. (Später entdeckte ich durch unsere Vereinigung, dass dies oft eine Fassade war, um ihre grundlegende Schüchternheit und Unsicherheit zu verdecken. Schließlich war sie Krebs, und unter diesem Sternzeichen geborene Menschen sind normalerweise nicht so gesellig.)

Aber Kathryn hatte eine Aufrichtigkeit an sich, einen angeborenen Sinn für Weisheit, der über ihr wahres Alter hinwegtäusche. Hin und wieder, wenn Zeichen der Unreife durchkamen, erschien dies völlig unpassend. Ich musste mir immer wieder ins Gedächtnis rufen, dass sie erst 22 Jahre alt war, genauso alt, wie mein eigener Sohn, obwohl die beiden nichts miteinander gemein hatten. Sie schien wie eine sehr alte Seele in einem trügerisch jungen Körper. Ich fragte mich, ob irgendjemand anderes den gleichen Eindruck hatte.

Kathryn wurde 1960 in Los Angeles als Tochter von Eltern geboren, deren Beruf umfangreiche Reisen und häufige Umzüge erforderte. Sie waren Mitglieder einer Pfingstkirche, somit war Kathryns religiöser Hintergrund sicherlich nicht einer, der zu Gedanken an Reinkarnation und Hypnose ermutigte. Sie sagte, sie habe sich in dieser Familie immer fehl am Platz gefühlt, und ihre Eltern konnten nicht ihren Widerwillen dagegen verstehen, so zu sein, wie sie.

Es geschah überwiegend aus Sorge um die Gefühle ihrer Eltern, dass sie darum bat, in diesem Buch anonym zu bleiben. Sie hatte das Gefühl, dass sie die Idee von vielen Leben niemals verstehen würden, obwohl es für sie selbst ein leicht zu begreifendes Konzept war. Sie wollte auch nicht riskieren, dass ihr Privatleben aus den Fugen gerät. Ich willigte ein, ihre Wünsche zu respektieren und ihre Identität geheim zu halten.

Die vielen Umzüge ihrer Familie über verschiedene Staaten hinweg brachten sie schließlich nach Texas, als Katie 16 Jahre alt war. Dadurch, dass sie gezwungen war, in ihrem zweiten Jahr an der High School zweimal umzuziehen und erneut zu Beginn ihres dritten Jahres, war Katie es leid, sich ständig an neue Schulen, andere Lehrmethoden und vorübergehende Freunde anzupassen. Entgegen der Proteste ihrer Eltern stieg sie früh in ihrem dritten Jahr aus der Schule aus und beendete ihre formale Ausbildung. Dies sollte zu einem Plus für unsere Arbeit werden. Katie ist ein äußerst intelligentes Mädchen, aber ihr Wissen stammt nicht aus Büchern.

Nachdem sie die Schule verlassen hatte und sich in scheinbarer Freiheit befand, entdeckte Katie, dass sie ohne einen High School-Abschluss oder eine spezialisierte Ausbildung nicht so leicht Arbeit finden konnte. Nach einem Jahr enttäuschend niederer Tätigkeiten entschied sie sich mit 17 Jahren, ein dem High School-Abschluss gleichwertiges Examen abzulegen und ging später zur Luftwaffe, wo sie sich zwei Jahre lang auf Computer spezialisierte. (Ein wichtiger Punkt für unsere Arbeit war, dass sie die Vereinigten Staaten während ihrer Zeit bei der Luftwaffe nie verließ).

Nach dem Ausscheiden aus dem Dienst zogen sie und ihre Familie ein letztes Mal in die Stadt im mittleren Westen, in der ich sie traf. Während sie ihre Computerkenntnisse bei der Büroarbeit einsetzt, scheint Katie ausgeglichen zu sein und ein normales Sozialleben zu führen. Den Großteil ihrer Freizeit verbringt sie mit der Lektüre populärer Liebes- und Fantasy-Romane. Die Idee, in einer Bibliothek nach historischen oder geographischen Informationen zu recherchieren, würde sie überhaupt nicht reizen.

Als Kathryn Harris und ich uns zum ersten Mal begegneten, hatte keiner von uns auch nur irgendeine Ahnung von dem

Abenteuer, auf das wir uns einließen. Es sollte ein ganzes Jahr andauern und Zeiträume und Erfahrungen umspannen, die jenseits aller Vorstellungskraft lagen. Auf der Party war sie nur eine von vielen, die Ihre Neugier im Hinblick auf hypnotische Rückführungen in vergangene Leben geäußert hatten. Für mich hatten sich diese Rückführungen zu einem vorhersehbaren Muster zusammengefügt, und es schien, je mehr Rückführungen ich hielt, desto vorhersehbarer wurde das Ergebnis. Ich hatte keinen Grund, irgendetwas anderes von diesem lebhaften, enthusiastischen jungen Mädchen zu erwarten, als ich unseren ersten Termin vereinbarte.

Im Allgemeinen tritt die große Mehrheit der Leute in der ersten hypnotischen Sitzung nur in leichtere Trancezustände. Hier kommen die vorhersehbaren Muster ins Spiel. Sie erzählen von einem dumpfen, langweiligen, alltäglichen Leben, in dem nichts Aufregendes passiert, nur alltägliche Ereignisse, die denen ähnlich sind, die in den meisten unserer Leben geschehen.

Aus irgendeinem Grund kehren viele in ein Leben im Alten Westen zurück, während der Pionierzeit und der frühen Siedlungstage. Obwohl diese Zeitperiode eine gewisse Anziehungskraft auszuüben scheint, berichten alle Hypnoseprobanden von etwas anderem als dem, dem sie ihr ganzes Leben lang in Filmen und Fernsehprogrammen ausgesetzt waren, und viele haben dazu Anmerkungen gemacht. Wenn diese Andersartigkeit zwischen den Probanden übereinstimmt und sich die Geschichten gegenseitig in ihrer Beschreibung der Gebiete und Zeitabschnitte bestätigen, beweist das für mich die Gültigkeit der Reinkarnation und liefert gleichzeitig ein, wie ich glaube, wahrheitsgemäßeres Bild der Geschichte.

Ich habe mir eine eigene Meinung darüber gebildet, warum diese ersten Sitzungen bestimmten Mustern folgen. Ich glaube, wenn der Proband von einem ereignislosen Leben berichtet, dann liegt es daran, dass sein Unterbewusstsein entweder ihn oder mich auf die Probe stellt. Der Proband kennt mich nicht wirklich, was das Unterbewusstsein widerwillig macht, einem Fremden wichtige innerste Geheimnisse zu enthüllen.

Dies ist auch eine neue Erfahrung für den Probanden, und obwohl meine Methode das Unterbewusstsein dazu bringen kann, Informationen freizugeben, ist dieses immer noch der Hüter dieser Informationen. Da seine Rolle in erster Linie die des Schutzes ist, wird das Unterbewusstsein etwas Sicheres auswählen—ein einfaches Leben aus seinen vielen Akten— um zu sehen, wie der Proband reagieren wird. Es ist fast so, als würde es sagen: „Nun, wir wissen nicht wirklich, was hier vor sich geht, aber wir werden ihnen Zugang zu diesem einfachen Leben gewähren und zusehen, was passiert." Später, wenn das Unterbewusstsein sieht, dass kein Schaden angerichtet wurde und wenn es das Verfahren versteht, werden wichtigere Informationen freigegeben.

Das Unterbewusstsein ist es nicht gewohnt, nach diesen Informationen gefragt zu werden, zumal nur wenige Menschen überhaupt wissen, dass es existiert. Ist der Zugang erst einmal gesichert, steht durch die Wiederholung des Verfahrens und das Verhältnis, das sich allmählich zwischen Proband und Sitzungsleiter aufbaut, noch weitaus mehr zur Verfügung. Ich glaube, diese Wechselbeziehung ist äußerst wichtig. Wenn das Unterbewusstsein irgendeine Gefahr oder Bedrohung für den Probanden befürchtet, wird der Informationsfluss sofort unterbrochen.

Eine weit verbreitete falsche Vorstellung von Hypnose ist, dass sie vom Probanden verlange, jegliche Kontrolle abzugeben. In Wahrheit hat der Proband während einer Hypnose-Rückführung *mehr* Kontrolle, nicht *weniger*. Auch wenn er zu schlafen scheint und sich beim Erwachen oft nicht an die Sitzung erinnert, ist sich der Proband der Dinge bewusst, die im Raum vor sich gehen, die er mit normalen Mitteln nicht sehen oder ertragen kann. Ich ließ mir das bei den Rückführungen viele Male demonstrieren und ich glaube, dass dies Teil des natürlichen Überwachungssystems des Unterbewusstseins ist.

Kapitel 2

Leben im Colorado-Territorium

BEVOR ICH MIT EINER INDUKTION BEGINNE, verbringe ich gerne eine halbe Stunde mit den Probanden der Hypnose-Rückführung. In dieser Zeit versuche ich, etwas über sie herauszufinden, ihre Fragen zu beantworten und ihnen zu ermöglichen, sich bei mir wohler zu fühlen. Nachdem ich diese Zeit mit Kathryn verbracht hatte, begann ich mit der Induktion.

Sie glitt schnell und leicht in eine tiefe Trance. Wegen der zuvor erwähnten Vorhersehbarkeit war ich nicht überrascht, als Katie begann, ein weißes Haus zu beschreiben, „das ganz einsam da oben liegt", in einer Landschaft von Hügeln und Tälern. Dies war die gleiche Art von Kulisse, die ich von vielen anderen gehört hatte. Als sie das Haus betrat, sah sie ihre Mutter in der Küche Brot in einem Ofen backen.

K: Die Küche hat im hinteren Bereich eine Garderobe. Wir müssen unsere Schuhe ausziehen. Und ich sehe den Holzofen. Mama holt gerade ein paar Sachen aus dem Ofen.

An diesem Punkt bemerkte ich einen Unterschied zwischen Katie und den anderen Probanden: Sie konnte das Brotbacken riechen. Das ist nicht üblich und deutete darauf hin, dass alle ihre Sinne aktiviert wurden. Sie sprach zudem in der ersten Person und benutzte das Wort „Ich". Offensichtlich war sie kein passiver, sondern ein aktiver Teilnehmer an der Rückführung. Ich dachte, dies würde wohl kein Nullachtfünfzehn-Typ sein.

Da genaue Jahreszahlen schwer zu ermitteln sind, versuche ich normalerweise zu bestimmen, in welchem Zeitalter wir uns befinden, indem ich nach Beschreibungen von Kleidung, Einrichtung und Umgebung frage. Ich fragte nach ihrer Mutter.

K: Sie hat dunkles Haar. Einige Leute mögen sie vielleicht für ein wenig dicklich halten, aber ich glaube, sie ist einfach so. Blaue Augen, hübsch, und ihr Haar ist hochgesteckt. Sie trägt ein blau geblümtes Baumwollkleid, das bis zum Boden reicht.

Ich bat sie, sich selbst zu beschreiben. Sie sagte, ihr Name sei Sharon und sie sei erst 12 Jahre alt.

K: Ich habe mein gelbes Kleid an und meine Füße sind ganz schlammig. (Ein kindliches Lachen.) Mama wird böse sein, denn ich sollte nicht in meinem schönen Kleid ausgehen.
D: *Gibt es noch jemanden in deiner Familie?*
K: Philip, meinen Bruder, und Daddy. Philip ist mit Daddy in die Stadt gefahren. Sie sind Vorräte holen gegangen. Daddy musste vor Sonnenaufgang losfahren. Es ist etwa eine Tagesfahrt in die Stadt mit dem Wagen. Ein halber Tag jedenfalls.
D: *Weißt du den Namen der Stadt?*

K: Clear Creek. Es macht Spaß, dorthin zu gehen, außer dass Mama sagt, es sei keine gute Stadt für Mädchen. Es geht dort wirklich wild zu.
D: *Werden sie rechtzeitig zum Essen zurück sein?*
K: Vielleicht. Vielleicht auch nicht. Aber Mama wird das Abendessen für sie machen.
D: *Lebst du gerne auf dem Land?*
K: Es ist toll, man muss nur zwei Tage in der Woche zur Schule gehen. Ich darf herumlaufen, sagt Mama, wie ein normaler Hooligan.

Als Katie später die Bandwiedergabe hörte, lachte sie und sagte, dass „Hooligan" kein Wort sei, welches sie normalerweise verwende.

D: *(Ich lachte.) In welche Klasse gehst du?*
K: Zweite.

Das war eine Überraschung. Zwölf Jahre alt und erst in der zweiten Klasse? Es schien, dass sie die Schule nicht so früh besucht hatte, wie wir es heute normalerweise tun. Und da sie nur zwei Tage in der Woche ging, hatte sie wahrscheinlich keine Zeit, etwas anderes als die bloßen Grundlagen zu lernen. Wie ich bei meinen Nachforschungen festgestellt habe, hatten Mädchen oft sogar gar keine Ausbildung.

D: *Kannst du denn schon lesen und schreiben?*

Katies Stimme nahm eine andere Charakteristik an. Sie klang naiv und eher ländlich, mit einem hörbaren Südstaatenakzent.

K: Etwas. Ich kann jedoch nicht erkennen, dass es wirklich wichtig ist. Man muss nicht viel tun, um die Rolle einer Hausfrau auszufüllen und bei der Versorgung des Bauernhofs zu helfen.
D: *Ist es das, was du tun willst, wenn du erwachsen bist?*

K: Es gibt sonst nicht viel zu tun.

Ich brachte sie weiter bis zur Abendessenszeit und fragte, ob die anderen aus der Stadt zurückgekehrt seien.

K: Ja, es ist spät und es ist dunkel draußen, aber wir haben mit dem Abendessen gewartet und Paw und Philip sind hier. Sie sind müde. Es war ein langer Tag für sie. Ich wünschte, ich hätte gehen können. Es ist mal was anderes. Es ist nicht das Gleiche, wie den ganzen Tag hier draußen zu sein.
D: *Wie häufig gehen sie in die Stadt?*
K: Manchmal zweimal im Monat. Meist nur einmal.

Ich fragte, was es zum Abendessen gab. Durch meine Rückführungsgespräche mit so vielen Menschen erfuhr ich anhand des Essens, das sie aßen, in welchem Zeitalter sie sich jeweils befinden. Ich kann auch vieles an der Art der verwendeten Utensilien ablesen. Das sind wiederholt auftauchende, vorhersehbare Muster. Viele der von mir gestellten Fragen dienen dazu, den Zeitrahmen festzulegen. Man könnte es auch als Test bezeichnen, da der Proband nicht weiß, nach welchen Details ich suche oder welches Muster andere geliefert haben.

K: Wir essen gedämpftes Hühnchen und etwas von dem selbstgemachten Brot. Ein paar Maiskolben aus unserem eigenen Garten. Und etwas übriggebliebenen Apfelkuchen.
D: *Welche Art Teller verwendet ihr?*
K: Sie sind blau-weiß und mit Bildern versehen. Sie sind Mamas ganzer Stolz.
D: *(Ich wusste, dass es nicht üblich war, Porzellan zu benutzen.) Benutzt sie die jeden Abend?*
K: Nein, nur zu speziellen Anlässen. Jedes zweite Mal kommen sie in den Kasten. Nur zum Anschauen, so in der

Art. (Katie sagte später, sie wisse nicht, was ein Kasten sei.) Manchmal benutzen wir einfach die Holzschalen. Meistens verwenden wir Steingut.

Ich ging davon aus, dass sie Siedler waren und nicht nur auf dem Land lebende Menschen. Die früheren Siedler hatten weder in ihren Häusern noch in ihren Wohnverhältnissen so schöne Dinge wie diese. Dies entsprach eher dem, was ich aus der Zeit des späten 1800 gefunden habe. So wusste ich nun, aus welcher Zeitperiode „Sharon" wahrscheinlich sprach.

D: *Wie alt ist dein Bruder Philip?*
K: Sechzehn. Deshalb darf er auch in die Stadt gehen, und ich muss hier bleiben.
D: *Er wächst zum Mann heran, das ist der Grund.*
K: Er ist nur ein gemeiner, älterer, zankhafter Bruder. Er zählt nicht.

Die Zeiten haben sich nicht so sehr geändert. Dies ist immer noch eine sehr verbreitete Meinung von jüngeren Schwestern (wobei zu beachten ist, dass Katie in ihrem jetzigen Leben nur eine Schwester hat).

D: *(Ich lachte.) Was ist mit deinem Vater? Sieht er sehr alt aus?*
K: Oh, er ist ... Ich weiß nicht ... er ist alt.

Ich brachte Katie zu einer Zeit, in der Sharon die Schule besuchte. Auch wenn sie nicht viel davon hielt, dachte ich, es würde uns die Gelegenheit geben, herauszufinden, wie eine Schule dieser Zeit aussah. Ich bat sie um eine Beschreibung.

K:(Sie sprach mit einem sehr starken Südstaatenakzent.) Sie ist aus Stein gebaut. Sie sagten, sie wollen nicht, dass eine Schule direkt über den Kindern einstürzt, also packten sie alle mit an und bauten sie.

Dies könnte ein weiterer Grund dafür sein, dass sie erst in der zweiten Klasse war. Vielleicht gab es in dieser Gegend noch nicht allzu lange eine Schule.

D: *Ist es eine sehr große Schule?*
K: Nein, nur etwa 12 Kinder. Einige von uns sind eben langsamer als andere. Einige von uns lernen ziemlich schnell. Aber das ist mir egal.
D: *Dann lernt ihr nicht alle dasselbe?*
K: Nein, wir sitzen nur in demselben Raum.

Sie beschrieb ein typisches Ein-Zimmer-Schulhaus. Ich fragte nach der Lehrerin.

K: Sie hat blonde Haare und braune Augen mit einer Art gemeinem Gesichtsausdruck. Sie ist nicht sehr nett; ich mag sie nicht.
D: *Warum? Ist sie denn so streng?*
K: Ja! Wenn wir nicht pünktlich in die Schule kommen, werden wir wirklich verprügelt, weil sie länger bleiben muss. Sie trägt gerne ein Lineal in der Hand und wir werden auf die Knöchel geschlagen, wenn wir nicht aufpassen. Und das tut weh. Und sie lässt uns nicht reden, und das mag ich nicht. Es macht mehr Spaß, nach draußen zu gehen, zu rennen und zu spielen.
D: *Okay, Sharon, lass uns zu einem wichtigen Tag in deinem Leben gehen.*

Dies bringt stets unterschiedliche Ergebnisse hervor, aber in der Regel innerhalb ähnlicher Muster. Was wir vielleicht als einen wichtigen Tag betrachten, ist niemals dasselbe, wie das, was der Proband als einen wichtigen Tag betrachten würde. Sein Leben in diesen Zeitabschnitten war so eintönig, dass jedes aus dem Üblichen herausstechende Ereignis wichtig war, was alles und jedes wahrscheinlich macht. Dies ist ein weiteres Beispiel fü das, was ich als Beweis für die Reinkarnation betrachte, denn die Probanden erfinden keine aufregenden Geschichten.

Ich zählte Katie zu einem wichtigen Punkt in Sharons Leben.

K: Es regnet. Diese Leute kamen. (Ihre Stimme klang anders - weich und traurig.) Wir haben Papa beerdigt!
D: *Oh? Was ist mit ihm passiert?*
K: (Sie weinte beinahe.) Er ... ist gerade gestorben. Der Arzt sagte, sein Herz habe aufgehört zu schlagen.
D: *Wo bist du?*
K: (Schniefend) Ich bin ... ich bin auf dem Friedhof.
D: *Wie alt bist du jetzt?*
K: Dreizehn.
D: *Sind deine Mama und Philip dort?*
K: Mmh-mmh. (Sie klang sehr unglücklich.)

Das berührte Katie; sie zeigte echte Emotionen. Dies ist ein weiterer Schlüssel zur Ebene des hypnotischen Zustands. Wenn die Probanden die Ereignisse spüren, nehmen sie teil, werden sie ein Teil des Geschehens und befinden sich in einem niedrigeren veränderten Zustand.

Ich beschloss, sie bis zum Alter von 14 Jahren voranzubringen, um sie von der Unglückseligkeit über den Tod ihres Vaters zu befreien. Diesmal fand ich Sharon beim Pflügen draußen auf dem Feld vor, oder beim „Pflugarbeiten", wie sie es nannte. Sie sagte, dass sie ihrer Mutter bei der Hofarbeit half, aber sie mochte diese Art von Arbeit nicht. Sie pflanzten Mais an und sie hatte eine Jenny, die den Pflug zog. Ich fragte sie, was eine Jenny sei.

K: (Langsam, als ob sie nachdenken müsste.) Ein weibliches ... Maultier.

Ich fragte mich, warum sie die Arbeit alleine verrichteten. Sie hatte ihren Bruder Philip mit keinem Wort erwähnt.

D: *Wer lebt noch mit euch in dem Haus dort?*
K: Nur ich und meine Mama.
D: *Musst du dich alleine um die Farm kümmern?*
K: Normalerweise. Es ist harte Arbeit, aber wir kommen zurecht.
D: *Was geschah mit den Männern in der Familie?*
K: Mein Bruder ging fort. Er konnte nicht viel tun. Und mein Vater starb.
D: *Warum ging dein Bruder fort?*
K: Wer weiß? (Sie seufzte tief.) Ich schätze, er war einfach nicht gerne hier. Er sagte es mir nicht. Er hat es vielleicht Mama erzählt, aber sie spricht nicht darüber. Ich glaube, sie ist verletzt.
D: *Ist er schon sehr lange fort?*
K: Nein, etwa sechs Monate oder so.
D: *Das bedeutet eine Menge Arbeit für deine Mutter und dich. Was denkst du, dass du tun wirst? Hast du irgendwelche Pläne?*
K: Noch nichts. Ich bleibe einfach hier und kümmere mich um den Hof und ... mache einfach das Beste draus, schätze ich.
D: *Gehst du noch zur Schule?*
K: Nicht mehr. Wir haben hier zu viel zu tun.
D: *Hast du sehr viel gelernt, als du zur Schule gingst?*
K: Ähm, ich habe gelernt, wie ich mit meinem Namen unterschreibe, ein wenig Addieren, ein wenig Lesen. Nicht viel.

Ich holte eine Schreibtafel und einen Filzstift heraus und fragte sie, ob sie für mich mit ihrem Namen unterschreiben könne. Mein Mann und ich hatten diese Methode bei unserem ersten Reinkarnationsabenteuer mit verblüffenden

Ergebnissen ausprobiert, über das ich in meinem Buch *Fünf Erinnerte Leben* berichte.

D: *Du sagtest, sie haben dir beigebracht, wie man mit seinem Namen unterschreibt? Würdest du mir einen Gefallen tun und für mich unterschreiben? Ich würde gerne sehen, wie du das machst.*

Katie öffnete ihre Augen und stand auf. Auf den linken Ellbogen gelehnt nahm sie den Filzstift in ihre rechte Hand und schrieb den Namen „Sharon Jackson". Es ist interessant zu erwähnen, dass Katie normalerweise Linkshänderin ist, aber diese Persönlichkeit zögerte nicht, den Filzstift in ihre rechte Hand zu nehmen. Katies normale Handschrift ist sehr klein mit gleichmäßig geformten Buchstaben. Sharons Schrift war groß, ungleichmäßig, unsicher und ausladend, als hätte sie nicht viel Übung im Schreiben. Ein Handschriftenanalytiker sagte, dass sie keinerlei Ähnlichkeit mit Katies gegenwärtiger Handschrift aufweise. Ich beglückwünschte Sharon zu ihrer guten Arbeit.

K: Das ist nicht schlecht.
D: *War das schwer zu erlernen?*
K: Langweilig.
D: *Nun, zumindest können die Leute nicht sagen, dass du nicht schreiben kannst, nicht wahr?*
K: Wenigstens kann ich mit meinem Namen unterschreiben.
D: *Kannst du sehr gut lesen?*
K: Solange es Druckschrift ist, nicht allzu schlecht. Normalerweise bekomme ich es hin. Ich weiß nur manchmal nicht, was all die Wörter bedeuten.
D: *Hast du irgendwelche Bücher, mit denen du üben kannst?*
K: Nur die Bibel, ich und Mama lesen sie nachts manchmal.
D: *Das ist eine Möglichkeit, lesen zu lernen, aber es gibt schwierige Wörter darin, nicht wahr?*
K: Ja, einige von ihnen sind recht merkwürdig.

D: *Bei vielen dieser Wörter glaube ich, dass niemand weiß, was sie bedeuten.*
K: Manche Leute sagen einfach, dass sie es wissen. Das lässt sie wichtiger erscheinen, als andere.
D: *Aber du kannst einige lesen, und wenn du deinen Namen schreiben kannst, dann ist das mehr, als viele Leute tun können, nicht wahr?*
K: Ja, ich denke schon.
D: *Und du weißt, wie man addiert. Du sagtest, du könnest ein paar Zahlen rechnen?*
K: Ja. Ich kann genug ausrechnen, damit sie mich nicht betrügen, wenn ich etwas einkaufen gehe. Ich kann das sehr gut berechnen
D: *Es ist wirklich wichtig, zu wissen, wie man das tut. Hast du irgendwelche Freunde?*
K: (Schüchtern) Ja, so was in der Art.
D: *Irgendjemand bestimmtes?*
K: Nein, noch nicht.
D: *Nun, was für Dinge gibt es dort so zu tun?*
K: Also, es gibt Tanz an den Samstagabenden. Leute treffen sich ... und haben manchmal so was wie ein Scheunenfest, wenn jemand Neues herzieht. Und die Leute benutzen alle Arten von Ausreden, um sich zu treffen und Nachbarn zu sehen, die sie schon länger nicht mehr gesehen haben.
D: *Das ist das Sozialleben.*
K: Mmh-mmh, das und die Kirche. Natürlich gibt es eine Menge kirchlicher Veranstaltungen.
D: *Kommt jeder zu all diesen Veranstaltungen?*
K: Nein, nicht jeder. Manche Leute gehen überhaupt nicht in die Kirche, also ...
D: *Nun, zumindest hast du etwas, worauf du dich freuen kannst.*

Als ich sie bat, zu einem weiteren wichtigen Tag in ihrem Leben überzugehen, änderte sich die Emotion sehr schnell, und dieses Mal klang sie sehr glücklich.

K: Ich werde heiraten.
D: *Wie alt bist du jetzt?*
K: Sechzehn.
D: *Was tust du?*
K: Ich schneide den Kuchen an.
D: *Wo bist du?*
K: Auf dem Kirchhof. Sie veranstalten ein richtiges echtes Picknick. Die ganze Stadt ist hier.
D: *Hat deine Mutter den Kuchen für euch gebacken?*
K: Ja. Mama ist eine gute Köchin.
D: *Hast du gelernt, so zu kochen, wie sie?*
K: Sie sagte, dass ich ohnehin nicht mehr allzu viel anbrenne.
D: *Wen heiratest du?*
K: Sein Name ist Tom, Tom Jacobs. Oh, er sieht gut aus. Er hat sehr dunkles Haar und grüne Augen.
D: *Wie alt ist er?*
K: Sechsundzwanzig.
D: *Oh, er ist älter als du.*
K: Weil ... wie Mama sagte, er sich einen Namen gemacht hat.
D: *Was bedeutet das?*
K: Er hat seine ganzen jungen Jahre damit verbracht, zu lernen, wie man Handel betreibt und Dinge tut. Jetzt ist er bereit, sich niederzulassen. Er ist ein Schmied. Er verdient gutes Geld.
D: *Was für ein Kleid hast du an?*
K: Blau. (Ich war ein wenig überrascht, dass das Kleid nicht weiß war.) Es ist aus Seide! Es hat einen weißen Kragen und echte Puffärmel. Es hat sogar eine kleine Schleppe, die Mama hinten angebracht hat.
D: *Hat deine Mama das Kleid gemacht?*

K: Nein! Sie hat nur die Schleppe gemacht. Sie hat sogar ein Kleid aus dem Laden gekauft. Etwas Besonderes.

Vielleicht war das der Grund, weshalb es nicht weiß war; allein die Tatsache, dass es ein im Laden gekauftes Kleid war, wäre schon besonders genug gewesen. Es ist auch möglich, dass weiße Kleider schwieriger zu finden waren. Sie wären sicherlich nicht sehr praktisch gewesen.

D: *Trägst du irgendetwas auf deinem Kopf?*
K: Ich trage Mamas Schleier.
D: *Ist deine Mama glücklich?*
K: Sie denkt, ich habe eine wirklich gute Partie gemacht.
D: *Wo wirst du mit Tom wohnen?*
K: In seinem Haus, hinter der Schmiede. Er hat ein wirklich schönes Heim eingerichtet. Es ist groß genug für uns beide, und ... vielleicht noch eine Person. Wahrscheinlich werden wir dort nicht lange bleiben. Nicht, wenn wir uns entscheiden, eine Familie zu gründen.
D: *Hast du vor, eine Familie zu gründen?*
K: (Schüchtern) Ja. Ich möchte gerne Kinder haben
D: *Nun, wo ist die Schmiede?* ☐ *im Stadtkern?*
K: Draußen am Stadtrand. Aber sie ist noch in dem schönen Stadtteil. Dort bekommt man viele Aufträge. Er macht wirklich gute Arbeit.
D: *Gibt es noch weitere Läden in der Nähe des Geschäfts?*
K: Ja, es gibt ein Eisenwarengeschäft. Und dann gibt es noch einen allgemeinen Merkantilplatz am Ende des Weges. (Katie hatte das Wort „merkantil" noch nie gehört.) Und wir haben das Telegrafenbüro gleich nebenan.
D: *Dann müsst ihr nicht sehr weit gehen, um alles zu bekommen, was ihr braucht. Gibt es eine Zeitung in der Stadt?*
K: Die *Gazette*.
D: *Ist das der einzige Name für die Zeitung?*

K: Das ist das Einzige, wie man sie je genannt hat.
D: *Du sagtest, der Name der Stadt sei Clear Creek? In welchem Staat lebst du?*
K: Oh, wir sind noch kein Staat. Wir sind nur ein Territorium. Es heißt ... Territorium von ... ähm, Colorado.
D: *Glaubst du, es könnte eines Tages ein Staat sein?*
K: Sie führen eine furchtbar große Debatte darüber. Natürlich verstehe ich nicht, warum es so wichtig ist, ob wir ein Staat oder nur ein Territorium sind. Für mich ist das nicht so wichtig. Man arbeitet so oder so gleich. Aber die Männer streiten sich. Manchmal werden sie davon richtig affig. Manchmal gehen sie raus und tragen regelrechte Faustkämpfe deswegen aus.
D: *Oh? Warum sollten sie denn kein Staat sein wollen?*
K: Manche Leute sagen, warum sollen wir Steuern an jemanden zahlen, der am anderen Ende vom Land ist. Andere Leute sagen, dass es eine großartige Sache ist, ein Staat zu sein. Ich halte mich gerne aus solchen Streitereien heraus.
D: *Oh, du weißt, wie Männer sind.*
K: Ja, sie sind alle störrisch und dickköpfig.
D: *All das Streiten wird wahrscheinlich ohnehin nichts damit zu tun haben. Okay, das war ein glücklicher Tag. Lass uns zu einem weiteren wichtigen Tag in deinem Leben übergehen.*

Dies hat sich als eine wirksame Methode erwiesen, die Geschichte voranzubringen, ohne die Probanden zu führen oder zu beeinflussen. Es erlaubt ihnen, ihre eigene Geschichte auf ihre eigene Art und Weise zu erzählen, während ich sie einfach nur begleite und hindurchführe. Würde ich sie nicht weiterbringen, würden sie vermutlich die ganze Sitzung damit verbringen, alle Einzelheiten einer Szene zu beschreiben.

K: Ich habe gerade Jamie bekommen. Er ist so süß.
D: *Was, du hast ein Baby bekommen?*
K: Mmh-mmh. Mein erstes, es ist ein Junge. Er ist süß. Er ist so winzig.
D: *Wo wurde er geboren?*
K: Zu Hause.
D: *Ist irgendjemand bei dir?*
K: Mama.
D: *Wo ist Tom?*
K: Er musste gehen. Er sagte, er würde zurückkommen. Er hat es noch nicht zurückgeschafft.
D: *Wo musste er hingehen?*
K: Nach Denver.
D: *Ist das sehr weit weg?*
K: Es ist ein langer Weg. Ein paar hundert Kilometer. Er ritt und schickte eine Delegation nach Denver.
D: *Musste er deshalb gehen?*
K: Ja. Er ist jetzt eine wirklich wichtige Persönlichkeit.
D: *Wofür ist die Delegation?*
K: Wegen einiger Streitpunkte, ob wir oder ob wir nicht ... Manche Leute wollen ein Staat sein. Er beschloss, dass er dafür ist. Sie sprechen darüber, das zu machen, was sie eine ... Verfassung nennen. So etwas in der Art. Ich schenke dem nicht viel Aufmerksamkeit. Aber er hält es für wichtig.
D: *Es ist eine Ehre für ihn, dass sie ihn entsenden.*
K: Weil er wirklich schlau ist.
D: *Sind sie alle gemeinsam ausgeritten?*
K: Ja. Sie nahmen ein paar Wagen mit, aber die meisten ritten zu Pferd.
D: *Wie fühlst du dich dabei, dass er nicht da ist?*
K: Ich bin traurig. Ich wünschte, er wäre hier, um Jamie zu sehen. Er entschied, dass er ihn Jamie nennen würde, falls es ein Junge werden sollte.
D: *Wie alt bist du jetzt?*
K: Achtzehn.

D: *Lass uns ein bisschen vorwärtsgehen, bis zu dem Zeitpunkt, wenn Tom zurückkommt. Wie denkt er über das neugeborene Baby?*
K: Er denkt, es sei etwas Besonderes. Er findet es süß.
D: *Wie fühlte er sich dabei, nicht dort gewesen zu sein?*
K: Er war verärgert. Aber er wird darüber hinwegkommen und es wird andere geben.
D: *Was hat die Delegation beschlossen?*
K: Sie hatten einen Haufen Streitereien, aber sie haben sie schließlich aus dem Weg geräumt und beschlossen, dass sie ein Staat werden wollen. Sie werden es tun.
D: *Es ist kompliziert. Aber Tom versteht es, nicht wahr?*
K: Weil er schlau ist.
D: *Nun, es klingt, als hättest du ein glückliches Leben. Du bist 18? Lass uns weitergehen, bis du etwa 25 bist und sehen, was zu jener Zeit in deinem Leben passiert.*

Ich entschied mich, sie zu lenken, weil sie nur ein paar Jahre am Stück vorankam und es bei diesem Tempo eine ganze Weile dauern konnte, bis sie ihre Lebensgeschichte erzählt haben würde. Bislang waren ihre wichtigen Tage sehr gewöhnlich. Das einzig Ungewöhnliche waren ihre Erzählungen von der Delegation und den Auseinandersetzungen um die Staatsbildung Colorados. Wenn jemand eine Geschichte erfinden sollte, wären dies Details, die er nicht einbauen würde. Ihre Anwesenheit verleiht jedem Bericht Gültigkeit.

D: *Ich werde bis drei zählen. Eins, zwei, drei. Du bist 25 Jahre alt. Was geschieht gerade?*
K: Nichts. Ich bin nicht da!

Diese Antwort war eine Überraschung, aber wenn dies passiert, bedeutet es immer, dass die Persönlichkeit irgendwann vor diesem Alter gestorben ist. Es ist auch ein weiterer Beweis dafür, dass ich den Probanden nicht leite.

Wenn Katie nur eine Geschichte erfand, um mir zu gefallen, warum fuhr sie dann nicht damit fort, als ich sie anwies, zu einem bestimmten Alter zu gehen?

Wenn dies geschieht, bringe ich den Probanden immer zur letzten Szene zurück, die er als jene Persönlichkeit erlebt hat und hole ihn von diesem Punkt ab, um festzustellen, was passiert ist.

D: *Okay. Lass uns zu der Zeit zurückgehen, als du 18 warst und gerade das Baby bekommen hast. Und Tom war gerade aus Denver zurückgekommen. Kannst du das Mädchen für mich wiederfinden?*
K: Ja.
D: *Okay, bringen wir sie weiter voran. Hat sie jemals weitere Kinder?*
K: Eines. Ein Mädchen. Sie nannten sie Jennie.
D: *Jennie? Okay, wie alt bist du, wenn du Jennie bekommst?*
K: Neunzehn. (Sie runzelte die Stirn.)
D: *Was stimmt nicht?*
K: Es ist wirklich schlimm. Sie kam rückwärts.

Ich gab ihr beruhigende Suggestionen, dass sie nicht körperlich beeinträchtigt werden würde. Bei Probanden in tiefer Trance erinnert sich der Körper gelegentlich ebenfalls an das Ereignis und bringt sehr reale körperliche Reaktionen hervor.

K: Irgendetwas stimmt da nicht. Ich ... ich weiß nicht. Ich ... bin einfach nicht da.
D: *Du meinst, du beobachtest gerade nur?*
K: Ja.

Dies bedeutete, dass sie nicht im Körper war und daher nichts fühlen konnte, sodass wir die Situation ohne jegliches Unbehagen für Katie erkunden konnten.

D: *Was siehst du? Stimmt etwas mit dem Baby nicht?*
K: Sie beginnt zu würgen. Der Doktor sagt, dass es Komplikationen gibt.
D: *Du hattest dieses Mal einen Arzt?*
K: Ja. Mama ist sehr aufgeregt, sie weint. Sie wollte, dass es schnell geht.
D: *Was sind das für Komplikationen?* (Keine Antwort) *Was passierte mit Sharon?*
K: (Sehr traurig) Sie starb.
D: *Konnte der Arzt nichts tun?*
K: Nein. Sie verlor viel Blut. Es war zu viel.
D: *War Tom diesmal dabei?*
K: Ja, aber er konnte auch nicht helfen. Er war so erschüttert ... Mama weint.
D: *Nun, was taten sie mit Sharons Leiche?*

Ich frage das immer, weil die Leute sich normalerweise fragen, was mit ihrem Körper geschah.

K: Sie begruben sie oben auf dem Hügel. (Sie klang so traurig.)
D: *Was wirst du jetzt tun?*
K: Nach Hause gehen.
D: *Wo ist zu Hause?*
K: (Eine lange Pause) Ich weiß nicht.

Die Stimme von Sharon, die von Katie kam, war ihrer normalen Stimme nicht ähnlich. Sie war anfangs kindlich, später naiv und ländlich und hatte eine sehr unschuldige Qualität und einen durchweg merklichen Südstaatenakzent.

Nachdem ich sie beruhigt und ihr Suggestionen für ihr Wohlbefinden gegeben hatte, brachte ich Katie in die Gegenwart zurück und weckte sie auf. Sie sagte, sie habe keine Erinnerung an die Sitzung, außer dass sie etwas mit Colorado zu tun hatte.

Als ich begann, die Geschichte Colorados zu erforschen, konnte ich keine Erwähnung einer Stadt namens Clear Creek finden, aber ein Flüsschen mit diesem Namen und Clear Creek County haben einen festen Platz in der frühen Geschichte Colorados. Der Goldrausch begann in jenem Gebiet und es war das Herzstück der frühen Entwicklungen. Um 1861 schossen überall in der Gegend Bergbaulager aus dem Boden, und es wurden Millionen in Gold aus den Bergen geborgen. Um 1870 war Clear Creek County einer der führenden Produzenten von Edelmetallen in Colorado. Viele dieser Minenlager entwickelten sich zu Städten, während andere nicht florierten. Es war eine wilde und unbändige Gegend mit wenigen Gesetzen in dieser Zeit, sodass sie auf die Beschreibung von Sharon passt.

Das Gebiet liegt jedoch nicht ein paar hundert Kilometer von Denver entfernt, wie Sharon sagte. Es liegt tatsächlich etwa 56 Kilometer westlich von Denver. Aber ich vermute, dass selbst das für ein kaum gebildetes, naives Mädchen, das nie sehr weit von zu Hause weg war, als ein weiter Weg erschien. Vor allem, als ihr Mann fortging, während sie jeden Tag ihr erstes Kind erwartete. Es hätten genauso gut ein paar hundert Kilometer sein können.

Im Laufe der 1860er Jahre trafen sich in Denver wiederholt Gruppen von Delegierten, um sich auf eine Verfassung für das Territorium zu einigen und die Festlegung von Grenzen zu beschließen. Bei jeder dieser Zusammenkünfte wurde die Frage aufgeworfen, ob Colorado ein Staat werden solle. Jedes Mal wurden ihre Bemühungen von den Wählern vereitelt. Offener Widerstand entwickelte sich in der Frage der Steuererhebung. Die Bevölkerung, insbesondere in den Berggebieten, drohte, sich gegen jeden Steuerbeamten zu wappnen, der versuchen würde, irgendwelche Steuergesetze durchzusetzen.

Colorado wurde erst 1876 ein Staat, hauptsächlich wegen dieser offenen Feindseligkeit. Bis zu diesem Zeitpunkt wurden die Konventionen ständig aufgehalten, sodass Tom Jacobs an jeder dieser Konferenzen hätte teilnehmen können.

Ich neige zu der Annahme, dass Sharon in den 1860er und frühen 1870er Jahren in der Gegend von Clear Creek lebte, weil Siedler sich erst in Colorado niederließen, nachdem der Goldrausch begonnen hatte. Und ihre Lebensbedingungen schienen zu schön, und die Schilderung der Stadt klang zu entwickelt, als dass sie eine der ersten Siedlungen gewesen sein konnte.

Wie ich vermutet hatte, erwies sich Katie als eine außergewöhnliche Probandin. Sie ging schnell in tiefe Trance, zeigte Sinnesempfindungen, erlebte Emotionen und erinnerte sich beim Erwachen praktisch an nichts. Katie war eine wahre Somnambulistin. Das ist eine Person, die in der Lage ist, den tiefsten Trancezustand zu erreichen, und die in der Rückführung vollkommen zu der anderen Persönlichkeit wird. Dick Sutphen, der bekannte Reinkarnationsexperte, sagt, dass nur einer von zehn Menschen diese Stufe erreichen kann. Ich wusste, dass dies der beste Probandentyp für meine Art von Forschung war, und ich wollte unbedingt weiter mit Katie arbeiten, wenn sie dazu bereit war.

Kapitel 3

Das Ruhe-Leben

WIR HATTEN DEN DURCHBRUCH GESCHAFFT und dabei entdeckt, was für eine hervorragende somnambulistische Probandin Katie war. Sie war ein wenig überwältigt und hegte ihre Zweifel daran, woher die Geschichte gekommen war. Sie fragte mich, woran ich erkennen könne, ob eine Erinnerung echt sei. Woher wusste ich, dass es nicht nur ihre wilde Fantasie war?

Ich erklärte, dass die Information glaubwürdig sei, wenn der Proband echte Emotionen zum Ausdruck bringt, da diese unter Hypnose nicht vorgetäuscht werden können. Sharon hatte wahre Betrübnis über den Tod ihres Vaters in Colorado und Trauer über ihren so jungen Tod bei der Entbindung zum Ausdruck gebracht. Sie empfand einen Widerwillen dabei, ihren Mann und das Leben dort zurückzulassen. Wenn solche echten menschlichen Gefühle ausgedrückt werden, weiß man, dass man ins Schwarze getroffen hat. Man hat etwas tief im Inneren entdeckt, das darauf gewartet hat, herzukommen.

Nach dem Erwachen sind die Probanden oft peinlich berührt. Ihr Bewusstsein sagt ihnen, dass sie töricht gewesen seien, weil diese Ereignisse nichts mit ihnen zu tun hätten. Das ist die sogenannte „Logik" des Bewusstseins. Es versucht, etwas zu wegzuerklären, das es nicht verstehen will, indem es faktisch sagt: „Wahrscheinlich hast du das irgendwo gelesen oder in einem Film oder im Fernsehen gesehen". Beim Nachdenken wird der Proband für gewöhnlich erkennen, dass er die Ereignisse zu tief empfunden hat und sie zu real schienen, um imaginär zu sein. Emotionen sind der Schlüssel.

Mit dieser Erklärung sagte Katie einfach: „Gut, das ist alles, was ich wissen wollte. Du hast meine Frage beantwortet ... etwas, über das ich mir schon lange Gedanken gemacht habe. Ich möchte jetzt nicht darüber reden ... vielleicht eines Tages." Sie machte keine weiteren Erklärungen, aber da war etwas anders an ihrem Ausdruck. Ihre normalerweise unbekümmerte Haltung verschwand, und sie wurde ernst und schien in Gedanken versunken. Ich hatte das Gefühl, dass sie etwas beunruhigte, das nichts mit dem Leben in Colorado zu tun hatte, aber ich kannte sie damals nicht gut genug, um sie darüber zu befragen. Ich sagte ihr, dass wir jederzeit darüber reden könnten, wenn sie bereit sei.

In der nächsten Sitzung konditionierte ich Katie darauf, mit einem Schlüsselwort in eine tiefe schlafwandlerische Trance zu gehen. Dies wird oft aus Gründen der Zweckmäßigkeit für den Führenden (mir selbst) gemacht, sodass eine längere Induktion nicht notwendig ist. Wenn ein Proband auf diese Weise konditioniert wurde, braucht der Hypnotiseur lediglich das Schlüsselwort zu nennen (was alles sein kann) und der Proband geht sofort in den tiefen Trancezustand.

Ich füge immer die Suggestion hinzu, dass das Individuum nur dann in Trance gehen soll, wenn es bereit ist. Auf diese Weise weiß der Betreffende, dass er noch die Kontrolle hat, und er muss nicht befürchten, dass ich versuchen könnte, ihn zu einem ungünstigen Zeitpunkt oder gegen seinen Willen in Hypnose zu versetzen. Diese Technik hat sich für den Aufbau einer Beziehung als sehr nützlich erwiesen, da die Probanden erkennen, dass sie mich nicht fürchten müssen und wissen, dass ich nur in Zusammenarbeit mit ihnen arbeiten werde. Es ist wichtig, das populäre Bild des Bühnenhypnotiseurs auszuräumen, welcher die Menschen dazu bringt, alle möglichen peinlichen Handlungen mit einem Fingerschnippen auszuführen.

Als Katie und ich in den nächsten Wochen zusammenarbeiteten, erlaubte ich ihrem Unterbewusstsein, sich auszusuchen, welche Leben wir erforschen sollten. Ich wies sie noch nicht an, irgendwo hinzugehen, und wir entdeckten einige unbedeutende *Ruhe-Leben*.

Ein Ruhe-Leben kann definiert werden als ein unbedeutendes Leben, obwohl ich nicht glaube, dass irgendein Leben wirklich unbedeutend ist. Jedes Leben ist die einzigartige Geschichte eines menschlichen Wesens und als solches hat jedes seinen Wert. Ein Ruhe-Leben kann lang oder kurz sein. Es ist eines, bei dem das Wesen durch ein langweiliges, scheinbar bedeutungsloses Leben zu trudeln scheint, in welchem nichts wirklich Außergewöhnliches geschieht.

Wir alle kennen solche Menschen, die scheinbar ohne jegliche Behelligung durchs Leben gleiten. Sie machen keine Wellen. Allerdings kann in einem solchen Leben Karma getilgt und abgearbeitet werden, offenbar, ohne neues Karma zu schaffen. Ich stelle mir vor, dass jeder hin und wieder ein solches Leben braucht, da wir nicht fortwährend von einem traumatischen Leben in ein anderes gehen könnten, ohne zwischendurch zu entspannen.

Das Ruhe-Leben ist perfekt dafür geeignet und hat daher Wert, auch wenn die Persönlichkeit vielleicht langweilig und unwichtig erscheinen mag. Dies kann uns auch helfen, Menschen in unseren eigenen Lebenserfahrungen zu verstehen, welche gerade diese Art von Leben führen. Wir sollten erkennen, dass wir nicht urteilen können, ohne zu wissen, von welcher Art von Leben die Person sich gerade ausruht, welches ihre vorherigen Errungenschaften gewesen sein mögen und was sie beim nächsten Mal erreichen könnte.

Wie ich bereits sagte, ist dies oft die Art von Leben, die das Unterbewusstsein zur Betrachtung auswählt, wenn ein Proband zum ersten Mal mit Rückführung zu experimentieren beginnt. Das Leben von Sharon in Colorado ist ein typisches Beispiel dafür. Wenn ein solches Leben ausgewählt wird, weiß ich immer, dass es in der Vergangenheit ein ziemlich schweres Trauma gab, das vorübergehend verborgen wird. Der Zweck meiner Führung besteht darin, eine Beziehung zum Unterbewusstsein des Probanden aufzubauen, damit diese bedeutsameren Leben ebenfalls offenbart werden können, wenn die Persönlichkeit sich dazu bereit fühlt, sich mit ihnen zu befassen. Die Folgenden sind drei solcher Leben, die während dieser beginnenden Versuchsperiode vorgefunden wurden.

Eines davon handelte von Joshua, einem jungen Waisenkind, das wir im Wald vorfanden. Er war erst 12 Jahre alt, aber er war bereits recht fähig, für sich selbst zu sorgen. Das müsse er, sagte er, weil es niemanden mehr gebe, dem man vertrauen könne.

D: Was ist mit deiner Mutter und deinem Vater passiert?
K: Mutter ist gestorben. Sie wurde von den Soldaten getötet.
  Meinen Vater habe ich nie kennengelernt.

Der Akzent war eindeutig englisch. Die Stimme war sehr sanft. Ich hatte den Eindruck, dass Joshua es nicht gewohnt war, mit Menschen zu sprechen. Seine Antworten waren langsam, als ob er erst nachdenken müsste, bevor er antwortet.

D: *Warum haben sie sie getötet?*
K: Warum tun Soldaten irgendetwas? Sie wollten die Stadt. Es gab Kämpfe in der Region. Wer weiß, um was? Das war egal. Die Soldaten kamen mitten in die Stadt. Sie brannten die Stadt nieder und ließen mich zum Sterben zurück. (Die Stimme war sehr leise, schüchtern und kindlich.)
D: *Wäre es dir nicht gut gegangen, wenn du in der Stadt geblieben wärst?*
K: Sie brachten sie um! Wahrscheinlich hätten sie auch mich getötet.
D: *Bist du sehr weit vom Dorf entfernt?*
K: Vielleicht eine halbe Tagesreise.
D: *Was tust du, wenn du Hunger bekommst?*
K: Ich gehe hinaus und fange ein Kaninchen oder vielleicht sogar ein Schwein mit meiner Falle, ich stehle ein Huhn und brate es. Manchmal esse ich nur Beeren, wenn sie gerade Saison haben. Wenn es kalt wird, ist es schwer, etwas zu finden, aber im Frühling ist es nicht so schlimm.
D: *Wo schläfst du?*
K: Manchmal mache ich mir einen Anbau unter den Bäumen. Manchmal schlafe ich einfach unter den Sternen, wenn es nicht regnet.
D: *Was tust du, um Kleidung zu bekommen?*
K: Ich häute die Tiere, die ich fange und gerbe die Felle.
D: *Hmm, das ist ein bisschen seltsam, so zu leben.*
K: Vielleicht denken manche Leute so. Ich kann auf mich selbst aufpassen. Ich muss mich um niemand anderen kümmern, außer um mich selbst.
D: *Stört es dich nie, allein zu sein?*
K: Nein, ich bin nie allein. Ich spreche mit den Tieren und den Vögeln und wenigstens streiten sie nicht mit mir. Ich habe vieles, um mich zu beschäftigen. Die Menschen sind ein Ärgernis.
D: *Hast du einen Nachnamen, Joshua?*
K: Nur reiche Leute haben Nachnamen.
D: *Warum lebst du im Wald?*

K: Es ist nicht sicher, sich alleine hinauszuwagen. Nicht im freien Land. Die Sheriffs können einen erwischen. Sie brauchen immer Sklaven. Und lockere Mädchen.
D: *Warum sollten sie dich fangen wollen, wenn du doch niemanden störst?*
K: Du nennst das Wildern von Königshirschen niemanden stören? Sie töten Männer für weniger. Ich sah einen Mann dafür hängen.
D: *Glaubst du, der Sheriff weiß, dass du da draußen bist?*
K: Nein, ich bin vorsichtig.
D: *Wo leben die anderen Leute?*
K: Meistens in der Stadt. Um die Forts herum. Ich gehe nicht dorthin; das sind keine sehr guten Leute.

Ich wusste, dass ich etwas mehr Schwierigkeiten haben würde, den Zeitrahmen und das Land zu bestimmen, wenn der Junge wie ein Einsiedler im Wald lebte. Er sagte, es sei die Bretagne, aber es klang eher, als wäre es in England, mit der Nennung des Königshirsches, des Sheriffs und der Sklaven. Ich fragte mich, ob es diese Dinge auch in anderen Ländern außer in England gab? Ich musste versuchen, mir Fragen auszudenken, die helfen konnten, den Zeitrahmen zu bestimmen.

D: *Hast du jemals jemanden sagen hören, welches Jahr ihr habt?*
K: (Pause, dann als würde sie rezitieren.) Das Jahr unseres Herrn ... elf ... sechs ... sechs.

Ich war froh, das herauszukriegen, denn das Jahr ist bei Rückführungen das, was am schwierigsten zu bekommen ist.

D: *Wie sehen die anderen Menschen aus? Bekommst du sie je zu Gesicht?*

K: Ja, manchmal sehe ich sie aus der Ferne. Die Frauen tragen lange Kleider, ich glaube aus Wolle. Die Männer tragen Wämser, Steißmäntel (unklar) und Knickerbocker.

Nachforschungen ergaben, dass ein Wams eine kleine, westenartige Jacke war, die normalerweise aus Leder gemacht wurde. Vielleicht war ein Steißmantel ein kurzer Mantel, der nur bis zum Knickerbocker reichte (eine andere Bezeichnung für Hosen). Diese Kleidung passte zum 12. und 13. Jahrhundert.

D: *Tragen sie irgendetwas auf ihren Köpfen?*
K: Manche von ihnen ja. Einige von ihnen haben Hüte auf. Manche von ihnen tragen Umhänge mit Kapuzen.
D: *Haben die Frauen irgendetwas auf ihren Köpfen?*
K: Reiche Frauen. Die reichen Frauen tragen Netze. (Ich verstand nicht.) Netze! Hauben.

Ich war mir damals nicht sicher, was Joshua meinte, fand aber später heraus, dass es korrekt war, entsprechend dem Kleidungsstil jener Zeit. Die reicheren Frauen trugen tatsächlich Netze über den hinteren Teil ihrer Haare.

Ich beschloss, Joshua zu einem wichtigen Tag in seinem Leben zu bringen, obwohl ich mir nicht vorstellen konnte, was für jemanden, der ganz alleine im Wald lebt, wichtig sein konnte. Ein Tag muss wie jeder andere gewesen sein. Ich zählte ihn vorwärts und fragte, was er gerade tat. Er versteckte sich gerade in einem Baum und beobachtete eine Prozession, die durch den Wald zog.

K: Es ist, als wären da reiche, schicke Leute, die sich alle verkleidet haben. Eine Menge Soldaten. Ich muss sicherstellen, dass mich niemand sieht.
D: *Ja, du musst vorsichtig sein. Sind es nur Soldaten?*

K: Nein, da ist ein ... lustig aussehender Kasten. Ein Pferd zieht ihn und eines am anderen Ende. (Ich dachte, er meint eine Kutsche.) Eine Dame befindet sich darin. Er hat Vorhänge. Und sie hat alles zugezogen, sodass sie ihren Kopf rausstrecken kann. Da sind ein paar Männer in Kostümen. Sie tragen richtig weich aussehende Umhänge mit großen Nadeln, die sie zuhalten. Jede Menge Schmuck.
D: *Das klingt, als müssten sie reich sein.*
K: Müssen sie wohl sein, wenn sie so viele Soldaten haben.
D: *Haben die verkleideten Männer irgendwelche Hüte auf?*
K: Nein. Einer hat ein silbernes Ding um seinen Kopf, das ist alles.

Er sagte, sie seien glattrasiert. Ich fragte, wie die Soldaten gekleidet waren, immer noch in dem Glauben, dass man vieles über Zeitalter anhand der Kleidung lernen kann.

K: Sie haben schwere ... Ketten ... Kettenmäntel an. Sie haben irgendwie gerundete Helme an mit einem Ding, das über ihre Nase und die Seite ihres Gesichtes reicht. Riesengroße, lange Schwerter.

Joshua hatte keine Ahnung, wer diese Leute waren und wohin sie gingen. Es war einfach ein sehr ungewöhnliches Ereignis, dass jemand durch seinen Teil des Waldes kam.

K: Wahrscheinlich heiratet sie jemanden. Sie wollen sicherstellen, dass sie dort ankommt. Sie sieht nicht sehr glücklich aus. Jemand sagt ... Winifred ... Swanson? So etwas in der Art.
D: *Sprechen sie miteinander?*
K: Ja. Man kann sie nur kaum hören.
D: *Ist da irgendjemand bei ihr in dem Kasten?*
K: Kann ich nicht sagen. Man kann nur sie sehen, sie streckt ihren Kopf raus.

D: *Was glaubst du, wohin sie gehen?*
K: Ich weiß es nicht, vielleicht zu einem Schloss. Es gibt da eines, weiter entfernt. Wer weiß?

Ich bat um eine bessere Beschreibung des kastenartigen Dings, in dem die Dame fuhr.

K: Es hat ein wirklich stabil aussehendes Dach mit einer Art runden Pfosten am Rand. Es hat Fenster auf jeder Seite. Und es ist zwischen den Pferden an Stangen aufgehängt, eine vorne und eine hinten.
D: *(Ich dachte immer noch, dass Joshua von einer normalen Kutsche sprach.) Wie viele Pferde ziehen es?*
K: Nur das eine vorne und das andere hinten. Sie haben Geschirr an.

Es ist immer wieder rätselhaft für mich, was manche als einen wichtigen Tag ansehen. Wenn es so etwas ist, dann ist es ein Beweis dafür, dass der Proband nicht fantasiert, weil es nichts Dramatisches ist. Ich brachte Katie wieder voran zu einem weiteren wichtigen Tag in Joshuas Leben und sie begann, schwer zu atmen und war verstört.

K: Ich kann nicht sehen! Es tut weh!

Das kam plötzlich, aber ich gab Katie beruhigende Suggestionen, damit sie nicht wirklich körperliche Empfindungen verspüren würde. Sie konnte sich, wenn sie es wünschte, von diesem Teil entfernen, um mir objektiv zu berichten, was passiert war.

K: (Sie atmete immer noch schwer). Sie wurde erschossen! Sie haben mich erwischt! Ein Soldat hat mich erwischt ... beim Fangen eines Hirsches. ... Sie haben mich erschossen!
D: *Was ist falsch daran, einen Hirsch zu fangen?*

K: Für den König ... den Edelmann. Ich hatte kein Recht.

Joshua war erst 15 Jahre alt, als dies geschah, und hatte offenbar den größten Teil seines Lebens im Wald verbracht und nach seinem eigenen Kopf gelebt ein perfektes Beispiel für ein Ruhe-Leben. Es gab so wenig Abwechslung in seinem Leben, dass er Schwierigkeiten hatte, irgendwelche wichtigen Tage für mich zu finden.

Eine interessante Sache war seine Beschreibung des kastenartigen Vehikels. Ich dachte natürlich, es sei eine Kutsche, bis ich anfing, Nachforschungen anzustellen. Kutschen, wie wir sie kennen, kamen erst viel später auf, hauptsächlich wegen der langsamen Entwicklung von Straßen. Das war für mich eine Überraschung, weil wir so oft Kutschen in Filmen sehen, die sich auf diese Zeitperiode beziehen.

Ich fand heraus, dass das beschriebene Fahrzeug eine Sänfte war, etwas, das ich mich nicht erinnere, jemals in Filmen über diese Zeitperiode gesehen zu haben. Die Bilder von Sänften sehen Joshuas Beschreibung eines kastenartigen Objekts mit Vorhängen und ohne Räder sehr ähnlich. Sie hatten Pfosten an den Ecken und waren auf zwei lange Stangen gestützt, die an zwei Pferden befestigt waren, einem vorne und einem hinten, wobei Reiter auf den Pferden saßen, die sie lenkten. Mir wurde gesagt, dass diese nicht in Filmen oder im Fernsehen zu sehen sind, weil es schwierig ist, das Pferd im Rücken darauf zu trainieren, einer solchen Vorrichtung zu folgen, da es nicht sehen kann, wohin es geht.

Ein Zitat aus *Colliers Enzyklopädie* über die Sänfte: „Im Mittelalter waren die Straßen in Europa rar und schlammig, sodass der Pferderücken oder Maultierrücken das übliche Transportmittel war. Diese Art des Reisens war schwierig für die Alten und Kranken und galt als unter der Würde einer

Frau von Rang. Demzufolge wurde die Sänfte--eine Couch mit einem umschlossenen Aufbau, welcher den Passagier vor Regen und Wind schützte--weitestgehend von Reisenden benutzt, die sich diesen Luxus leisten konnten. Solche Sänften, getragen von Pferden oder Maultieren, wurden in Europa vom 11. bis ins 17. Jahrhundert hinein verwendet."

Ohne die Erwähnung der Sänfte hätte man dies als eine einfache Rückführung betrachtet, die nichts von Bedeutung enthält. Dies zeigte, dass Katie sich nicht auf die in ihrem Bewusstsein gespeicherten Informationen aus Filmen und TV-Programmen verließ.

Obwohl dies meine erste Begegnung mit einer Sänfte war, sollte es nicht meine letzte sein. Sie tauchte während meiner Arbeit mit unterschiedlichen Leuten viele Male auf. Sie muss in dieser Zeit ein beliebtes Transportmittel gewesen sein. Ich habe auch noch nie einen Probanden einen Fehler machen sehen, indem er eine Kutsche in das falsche Zeitfenster gebracht hätte, was im Zusammenhang mit regressiven Reinkarnationsexperimenten doch etwas beweisen sollte.

* * * *

EIN ÄHNLICHES BEISPIEL für ein Ruhe-Leben ereignete sich eine Woche später, als die folgende Persönlichkeit mit einer sehr leisen, schwer verständlichen Stimme auftauchte. Die Sprechweise war zudem sehr langsam. Es handelte sich um jemanden, der es nicht gewohnt war, gedrängt zu werden.

K: Ich sehe Wälder ... riesengroße Bäume. ... Es regnet gerade.
D: *Wo bist du? Weißt du das?*
K: Ich bin in meiner Heimat, in meinem Land. (Pause) Das Land hat keinen Namen, es ist einfach das Land.

Das kommt häufig vor, wenn ich primitiven Persönlichkeiten begegne. Sie nennen den Ort, an dem sie leben, häufig „das Land" und sind lediglich „das Volk".

D: *Was tust du gerade?*
K: Wir jagen.
D: *Wer ist „wir"? Sind da noch andere bei dir?*
K: Ja, da ist mein Bruder.
D: *Was jagt ihr?*
K: Wir sind auf der Jagd nach Nahrung. Affen vielleicht.
D: *Habt ihr irgendeine Art Waffen?*
K: Ich benutze mein Pfeilgewehr oder manchmal baue ich Fallen ... um zuzuschnappen. Wir haben unsere Druckluftpistolen. Und wir haben Pfeil und Bogen.

Das Wesen identifizierte sich als ein Mann namens Tocoricam (phonetische Schreibweise). Ich fragte, wie er gekleidet war.

K: Ich habe meine ... Knickerbocker an (als ob es schwierig wäre, das richtige Wort zu finden) und meine Schuhe. Sie sind aus Leder gefertigt und ... zusammengenäht.

Diese Persönlichkeit schien auf der Suche nach den richtigen Worten zu sein. Ich glaube nicht, dass sie Wörter in seinem Vokabular hatte, mit denen sie einige meiner Fragen beantworten konnte.

D: *Wird es nicht kalt, wenn man so wenig Kleidung trägt?*
K: Es ist immer heiß.

Das ist eher wie Detektivarbeit, bei der allen verfügbaren Hinweisen nachgespürt wird. Während ich immer noch versuchte herauszufinden, um welche Art von Eingeborenen es sich handelt, fragte ich nach seiner Hautfarbe. Er sagte, es sei „eine Art rötliches Braun, die Farbe des Erdbodens". Sein

Haar war schwarz. Ich dachte, dies würde wohl diejenigen Menschen ausschließen, die in den Dschungeln des afrikanischen Kontinents leben. Er sagte zudem, er sei etwa 20 Sommer alt.

D: *Wohnst du in der Nähe?*
K: Ja, wir wohnen ein Stück den Fluss hinunter.

Ich kann immer noch mehr Informationen aus der Art der Lebensbedingungen gewinnen, also führte ich ihn bis zu dem Ort, an dem er lebte, und bat ihn, mir diesen zu beschreiben. Ich erwartete natürlich eine Hütte in einem Dorf, in der Annahme, dass dies eine normale Antwort gewesen wäre.

K: Es ist ... wir haben den Rand der Klippe ausgehöhlt und eine sehr kleine Höhle gebaut. Sie bietet gerade genug Platz, um uns vor dem Regen zu schützen. Und es gibt ein Feuer. Und hinten gibt es Matten, auf denen alle schlafen. (Dies war eine unerwartete Antwort.)
D: *Gibt es viele Mitglieder in deiner Familie?*
K: Wir sind nur etwa fünf. Es gibt meinen Bruder und mich. Es gibt meine Schwester und meine beiden Eltern ... meine Mutter und meinen Vater.
D: *Dann jagt ihr nach der Nahrung, um eure Familie zu ernähren?*
K: Ja, man muss essen, um zu überleben, und wir finden Wurzeln und wir ... es ist gut.
D: *Gibt es noch weitere Familien außer eurer?*
K: Ja, es gibt viele, die sich versteckt haben. Manchmal finden wir andere, aber meistens bleiben wir für uns.
D: *Baut ihr etwas an?*
K: Nein. Um etwas anzubauen, muss man an einem Ort bleiben. Und an einem Ort zu bleiben bedeutet, gefunden zu werden. Wir ernähren uns aus der Natur. Es gibt hier reichlich Nahrung für uns, für diejenigen, die wissen, wie man davon lebt. Wir müssen immer weiterziehen. Es ist

nicht sicher. Die Fremden kommen und suchen nach Menschen, die sie mitnehmen können. Und wir müssen uns verstecken.

D: *Du nanntest sie die „Fremden". Warum nennst du sie so?*
K: Sie reiten auf großen Bestien und töten andere Menschen, als wären sie ... als bedeuteten sie ihnen nichts. Sie sind nicht aus diesem Land.
D: *Du meinst, sie sind von irgendwo außerhalb gekommen? Sind sie anders als deine Leute?*
K: Ja, das sind sie ... ihre Haut ist hell im Vergleich zu unserer. Und sie sind sehr zornige Männer. Sie haben ... große Dinge, die ... (er hatte wieder Schwierigkeiten mit der Beschreibung) äh, Rauch spucken und Männer fallen. Es ist nicht gut.

Anscheinend war dies das erste Mal, dass er eine Waffe in Gebrauch sah.

D: *Du sagtest, sie reiten auf großen Bestien? Wie sehen die Bestien aus?*
K: Sie sind beinahe so groß wie ein Mann und sie haben vier Beine. Und spitze Ohren. Und einen sehr langen, dicken Hals und einen riesigen Kopf mit großen rollenden Augen.

Dies ist eine ausgezeichnete Beschreibung eines Pferdes von jemandem, der noch nie eines gesehen hatte. Als er die großen rollenden Augen erwähnte, wurde klar, dass er von dieser fremdartigen, sich aufplusternden Kreatur erschreckt worden sein muss.

D: *Du hast noch nie zuvor ein solches Tier gesehen?*
K: Nein. Sie stammen nicht von hier.
D: *Du sagtest, dass diese Fremden auf diesen Bestien reiten und sie in den Wald kommen und Menschen mitnehmen? Weißt du, wo sie sie hinbringen?*

K: Ja, sie wollen, dass die Leute in ihren Minen arbeiten. Die Menschen sterben dort; es ist kein guter Ort.
D: *Was für eine Art von Minen haben sie?*
K: Sie holen Steine aus dem Boden. Wer weiß, warum sie die wollen? Dem Land gefällt das nicht.
D: *Sind die Minen in der Nähe deines Wohnortes?*
K: Nein, sie befinden sich jenseits der Gebirgskette.

Wie immer, passte ich meine Fragen und meine Haltung an den Persönlichkeitstyp an, mit dem ich sprach.

D: *Dann würde dorthinzugehen bedeuten, von eurem Land fortzugehen, nicht wahr?*
K: Ja, und sich in Gefahr zu begeben. Wir bleiben ... hier, wo es ... vergleichsweise sicher ist. Wir lebten nicht immer so. Sie überfielen die Dörfer, als ich jung war. Sie kamen und trieben die Menschen wie Tiere zusammen und brachten sie fort.
D: *Hat dein Stamm einen Namen?*
K: Wir werden lediglich das Volk genannt ... die Menschen eins mit dem Land und das Land schreit.
D: *Deshalb müsst ihr weiterziehen, damit sie euch nicht finden. Kommen sie oft in den Wald?*
K: Für gewöhnlich bleiben sie ... ziemlich in der Nähe, aber manchmal haben sie ... ziehen ihre Leute in Gruppen los und machen Überfälle. Wer weiß, warum sie das tun?

Das war interessant, aber es sagte mir nicht wirklich viel darüber, wo er sich befand. Ich bewegte ihn weiter zu einem wichtigen Tag in seinem Leben, obwohl ich dachte, dass es nur eine geringe Wahrscheinlichkeit gab, dass etwas Ungewöhnliches passiert, sofern er nicht von diesen „Fremden" gefangen genommen wird.

K: Ich bin in meinem Kanu. Ich fahre flussabwärts. (Seine

Stimme war langsam und bedächtig mit einem seltsamen Akzent.) Der Wald ist sehr dicht. Er wächst bis an den Rand des Flusses heran. Es gibt viele Tiere und ... der Himmel ist kräftig blau.

D: *Wo hast du das Kanu her?*
K: Wir haben es gebaut. Wir haben einen umgefallenen Baumstamm genommen und ... ihn ausgehöhlt.
D: *War das schwierig?*
K: Einfach zeitaufwändig.
D: *Hattet ihr Werkzeuge, mit denen ihr es gebaut habt?*
K: Steine, die scharf waren. Wir brauchten das ausgetrocknete Holz.
D: *Es muss lange gedauert haben, das zu bauen.*
K: Mehrere Tage.
D: *Wohin geht ihr in eurem Kanu?*
K: Wir gehen an einen Ort, der sicherer ist. Wo die Fremden nicht hinkommen. Wir wollen einfach nur allein sein. Um nicht befürchten zu müssen, entführt zu werden. Die Fremden kommen und bringen unsere Leute zu den großen Erdlöchern, um dort zu arbeiten, und sie werden nie wieder gesehen.
D: *Woher kommen die Fremden? Weißt du das?*
K: Sie kommen aus dem Dschungel und reiten auf großen Bestien. Ich weiß es nicht ... Wir gehen an einen Ort, an dem sie uns nicht finden werden.
D: *Wird es lange dauern, einen solchen Ort zu finden, an dem ihr sicher sein werdet?*
K: Wer weiß, wann wir einen Ort finden werden, der uns eventuell Leben schenken kann. Wir werden sehen.

Ich verließ ihn, während er auf der Suche nach Sicherheit den Fluss hinunterging, und brachte Katie zu einem weiteren wichtigen Tag in jenem Leben.

K: (Seufzer) Ich betrachte den Körper. Er zittert. Er hat das ... und er stirbt

D: *Wo ist der Körper?*
K: Er ist am Fluss. Wir hatten dort unser Lager aufgeschlagen und ... das Fieber kam. Es ist etwas, das ... wenn einer der Leute das Fieber bekam, dann half manchmal die Baumrinde. Aber es gibt keinen Baum weit und breit ... also sterbe ich. Mein Vater ist kein Medizinmann. Er hat nicht dieses ganze Wissen. (Seufzer) Er ist traurig.
D: *Wenn du diesen einen Baum finden könntest, würde das helfen?*
K: Dann ist das nicht immer so, nur manchmal. Je nach dem Willen des Gottes.
D: *Warst du sehr alt, als du auf diese Weise starbst?*
K: Ich zählte vielleicht 21, 22 Sommer. Meine Zeit war gekommen.
D: *Haben die Fremden jemals deine Leute, deine Familie ?*
K: Nicht, solange ich da war. Sie versteckten sich.

Dies war ein weiteres gutes Beispiel für ein Ruhe-Leben. Das Wesen schuf kein weiteres Karma und lebte ein sehr ereignisloses Leben. Auch dies wäre eine schlichte Rückführung gewesen, abgesehen von der Beschreibung des Pferdes und den Fremden. Dies sind Details, die nicht geliefert werden würden, wenn jemand versuchte, zu fantasieren. In einer Fantasie wäre eine Menge mehr geschehen. Und dies war sicherlich ein ergiebiges Material, aus dem man ein Abenteuer hätte aushecken können, wenn das die Absicht gewesen wäre.

Es gab einige Hinweise in dieser Rückführung, die mir halfen, den Schauplatz und das Datum zu lokalisieren. Ich nahm an, dass es irgendwo im Dschungel Südamerikas lag. Die Rinde, auf die Bezug genommen wurde, war wahrscheinlich Chinin, das vom Cinchona-Baum stammt. Diese Bäume sind in den Anden, von Kolumbien bis Peru, heimisch und werden als

Heilmittel gegen Malaria, dem „Fieber", an dem er zweifellos starb, verwendet.

Die spanische Kolonisierung Südamerikas begann in der zweiten Hälfte des 15. Jahrhunderts. Hungrig nach Reichtum begannen sie, Smaragde und Edelmetalle abzubauen. Nachforschungen ergaben, dass die Ureinwohner Südamerikas in dieser Epoche auf grausame Weise ausgebeutet wurden und in den Minen unter extrem harten Bedingungen arbeiten mussten. Wann immer ich in späteren Sitzungen Katie zum Jahr 1650 brachte, fand ich diese Urbevölkerung vor. Dies stand im Einklang mit der spanischen Kolonialzeit.

* * * *

EIN WEITERES RUHE-LEBEN, das in diesen ersten Wochen durchkam, war Gretchen, ein fünfjähriges Kind mit langen blonden Zöpfen.

D: *Was siehst du?*
K: Ich sehe ein Schloss auf dem Hügel. Es hat große, hohe Spitzen an jeder Ecke und es ist aus grauem Stein gebaut. Und das Gelände ist irgendwie eingezäunt. Es ist sehr groß (Katie sprach jetzt mit einem deutlichen deutschen Akzent, der einige Worte schwer verständlich machte).
D: *Wo bist du?*
K: Tief im Wald.
D: *Sind irgendwelche Leute in der Nähe?*
K: Mein Vater ist da drüben und schlägt Holz.
D: *Was tust du gerade?*
K: Ich pflücke Blumen.
D: *Wohnst du im Schloss?*
K: Nein, ich wohne in einem Häuschen.
D: *Was wird dein Vater mit dem Holz tun, das er schlägt?*

K: Er wird es in der Stadt verkaufen. Es ist keine richtige Stadt, es ist nur ein Dorf.

Sie sagte, sie seien nicht weit von der Stadt entfernt, aber es gebe keinen Namen, an den sie sich erinnern könne. Ich fragte sie, ob das Schloss einen Namen habe.

K: Braunfit. (Phonetisch: Brauns-fight.)
D: *Weißt du, wer in dem Schloss wohnt?*
K: Der Herzog. (Als sie nach seinem Namen gefragt wurde, fiel er ihr nicht ein.)
D: *Ist dein Vater der Einzige in der Familie?*
K: Oh, nein. Es gibt meinen Bruder Hans. Nur Hans und ich ... und Vater.
D: *Was ist mit deiner Mutter passiert?*
K: Sie starb als ich ein Baby war. Cholera.

Als ich nach dem Namen ihres Vaters fragte, antwortete sie „Wilhelm" mit der richtigen deutschen Aussprache. Ich brachte sie an den Ort, an dem sie lebte, um eine Beschreibung davon zu erhalten.

K: Die Wände sind weiß und es gibt einen großen, offenen Kamin mit einer Art Bogen. Und es gibt nur zwei Räume, das vordere Zimmer und ein Schlafzimmer.
D: *Schlaft ihr alle im selben Zimmer?*
K: Alle außer Vater, er schläft vorne.
D: *Gibt es irgendwelche Möbel im vorderen Zimmer?*
K: Das riesengroße Bett. Und ein paar Stühle sowie einen Tisch.
D: *Es scheint kein sehr großes Haus zu sein.*
K: Oh, nein. Aber es ist groß genug.
D: *Wer kocht?*
K: Ich und Hans. Es gibt einen Arm, der über den Kamin schwingt, an dem wir Töpfe aufhängen. Und wenn wir Fleisch kochen, haben wir einen Spieß zum Aufspießen.

Jeder muss mithelfen. Wenn wir nicht arbeiten, essen wir nicht.

Dies klang sehr vertraut. Es war dieselbe Terminologie, welche das andere deutsche Mädchen in meinem ersten Buch *Fünf Erinnerte Leben* verwendete.

K: Manchmal, wenn Vater genug Holz schlägt, gibt es Schwarzbrot, manchmal kauft er ein Schwein. Manchmal jagt er im Wald und wir essen frisches Fleisch. Manchmal Hirsch, manchmal Wildschweine.
D: *Womit tötet er die Tiere, die er jagt?*
K: Mit seinem Pfeil und Bogen.

Wie immer stellte ich eine Testfrage, um die entfernte Möglichkeit des Fantasierens auszuschließen.

D: *Was tust du im Winter, wenn die Nahrungsmittel nicht wachsen?*
K: Wir verwenden Kartoffeln und hoffen, dass wir ein paar Kaninchen in den Fallen fangen.
D: *Ihr hungert nicht, oder?*
K: Oh, nein. Und wir haben warm.
D: *Welche Art von Kleidung hast du an, Gretchen?*
K: Heute trage ich mein rotes Dirndl mit einer weißen Bluse, die mit Blumen übersät ist.

Ich hatte noch nie zuvor von einem Dirndl gehört, bis ich mit meinen Nachforschungen begann. Es wurde beschrieben als ein weiter Rock mit einer farbigen oder weißen Schürze und einem eng anliegenden Mieder. Das Kleidungsstück wird mit einer weißen Bluse oder einem Schal getragen, der in das Mieder gesteckt wird. Es ist die Nationaltracht der bayerischen und österreichischen Alpen.

D: *Was für eine Art Schuhe trägst du?*

K: Holzschuhe.

Das war eine Überraschung, aber ich erinnerte mich, dass Holland nicht der einzige Ort war, an dem Holzschuhe getragen wurden.

D: *Sind sie nicht schwer zu tragen?*
K: Um die Füße warmzuhalten, stopfen wir sie mit Stroh aus.
D: *Es scheint schwer zu sein, darin zu laufen.*
K: Man lernt es.

Ich dachte, sie sei wahrscheinlich zu jung, um mir noch viel mehr zu erzählen, also versetzte ich sie an einen wichtigen Tag, an dem sie bereits älter war.

K: Wir gehen zum Schloss.
D: *Wie alt bist du jetzt?*
K: Zehn.
D: *Warum geht ihr zum Schloss?*
K: Mein Vater will wissen, ob wir dort Arbeit finden.
D: *Schlägt er nicht mehr Holz?*
K: Doch, aber wachsende Münder brauchen mehr Essen.
D: *Welche Art von Arbeit sucht er?*
K: Er will vielleicht im Stall arbeiten.
D: *Was ist mit Hans? Geht er auch mit?*
K: (Die Erwähnung ihres Bruders schien sie traurig zu machen.) Hans ist fortgegangen. Sie haben ihn zur Armee einberufen. Es herrscht Krieg. Es herrscht immer Krieg.
D: *Wer hat ihn geholt?*
K: Die Männer des Herzogs. (Sie klang traurig.)
D: *Hörst du je von ihm?*
K: Nein.
D: (Ich beschloss, auf das vorliegende Thema zurückzukommen.) *Bist du schon jemals zuvor in einem Schloss gewesen?*

K: (In Ehrfurcht) Oh, nein.
D: *Das wäre dann eine Erfahrung, nicht wahr? Was tust du jetzt gerade?*
K: Ich bin unten in der Küche. Sie ist groß.
D: *Wirst du die Einzige sein, die dort arbeitet?*
K: Oh, nein. Es gibt noch zehn weitere Küchenmägde. Und vier Köche.
D: *Das ist eine Menge. Musst du für viele Leute kochen?*
K: Ich koche nicht. Dazu bin ich nicht in der Lage. Ich scheuere nur Töpfe.
D: *Glaubst du, dass du je einen anderen Teil des Schlosses zu sehen bekommen wirst?*
K: Vielleicht, wenn ich das Glück habe, zu dienen, ja.
D: *Wirst du im Schloss bleiben oder gehst du nach Hause zurück?*
K: Oh nein, das ist zu weit. Wir werden im Schloss bleiben. Sie haben ein Zimmer über der Küche, wo sie mich schlafen lassen.
D: *Teilst du es mit jemand anderem?*
K: Ja, mit all den Küchenmägden.
D: *Wo wird dein Vater schlafen?*
K: In den Ställen.
D: *Es muss dort eine Menge Pferde geben.*
K: Oh, ja. Immer rein und raus.

Sie sagte, dass er Geld für seine Arbeit erhalten würde, aber sie nicht, als sie sich plötzlich unwohl fühlte. Als ich sie fragte, was los sei, sagte sie: „Es ist so kalt!", und begann zu husten. Das war eine Überraschung.

D: *Wo ist es kalt? In der Küche oder dort, wo du schläfst?*
K: Nein. (Ihre Stimme klang, als würde sie zittern.)
D: *Wo bist du?*
K: (Immer noch zitternd.) Verirrt! (Ich war verwirrt.) Es schneit. (Sie begann wieder zu husten.)

Dies war ein typisches Beispiel für die Instabilität, die Probanden oft erfahren, wenn sie zum ersten Mal mit einer Rückführung arbeiten. Sie neigen dazu, innerhalb des Zeitrahmens sowohl vorwärt-s als auch rückwärtszuspringen und manchmal sogar völlig aus dem Zeitrahmen heraus in ein gänzlich anderes Leben zu springen. Dies geschieht spontan, ohne Richtung. Wenn sich das Unterbewusstsein mehr an die Arbeit mit der Rückführung gewöhnt, hören solche Sprünge normalerweise auf und der Proband kann sich stabilisieren und an der Szene festhalten.

Da Katie körperliche Symptome wahrnahm, gab ich ihr Suggestionen des Wohlbefindens, um jegliche Beschwerden zu lindern, und fragte sie, wie sie in den Schnee hinaus geraten sei.

K: Wir gingen zur Hütte zurück.
D: *Warum? Ich dachte, ihr wolltet im Schloss arbeiten?*
K: Weil wir einige unserer Sachen holen wollten und der Schnee kam.
D: *Schneit es sehr stark?*
K: Man kann nichts sehen.
D: *Oh, deshalb hast du dich verirrt. Ist dein Vater bei dir?*
K: Ja, er ist so müde.
D: *Habt ihr noch weit zu gehen?*
K: Wer weiß? Wir könnten auch im Kreis umherlaufen.
D: *Ist es dunkel oder ist es Tag?*
K: Ich schätze, es hat noch ein wenig Tageslicht, aber die Wolken sind so dicht. Durch die Bäume hindurch. Wir können nichts sehen.
D: *Dann könntet ihr auch im Kreis herumlaufen. Was werdet ihr tun?*
K: (Erschrocken) Ich weiß nicht.
D: *In Ordnung. Was* tust *du?*

Ich zählte bis drei und sagte ihr, sie werde wissen, was passiert ist, und es werde sie nicht stören, darüber zu sprechen.

K: (Pause) Wir versuchten, ein Feuer zu machen.
D: *Konntet ihr trockenes Holz finden?*
K: (Traurig) Nein, keines von den Hölzern brannte.
D: *Was geschah dann?*
K: Zuerst kam der Wolf ... aus dem Wald heraus ... er griff meinen Vater an.
D: *Warum glaubst du, dass er ihn angriff?*
K: Warum greifen Wölfe an? Sie sind immer hungrig.
D: *Hatte dein Vater irgendeine Art Waffe?*
K: Nur seinen Stock. Er versuchte, ihn abzuwehren, aber er war zu stark für ihn. ... Er brachte ihn um!
D: *Was hast du dann getan?*
K: Ich versuchte, auf den Baum zu klettern, aber es nützte nichts.
D: *Was geschah?*
K: Ich verließ den Körper. Der Wolf tötete mich.
D: *Derselbe Wolf?*
K: Einer von ihnen.
D: *Wie alt warst du, Gretchen, als das passierte?*
K: Elf.

Dies zeigte, dass sie ein Jahr vorausgesprungen war, ohne dass ihr dies aufgetragen wurde. Sie war zehn Jahre alt, als sie zum ersten Mal ins Schloss ging, um zu arbeiten, und dann, plötzlich, befand sie sich am Tag ihres Todes, ein Jahr später.

Ich gab Katie Suggestionen und Beschwichtigungen, bevor ich sie weckte. In späteren Sitzungen, während wir in einer eher geordneten Reihenfolge rückwärts durch die Zeit gingen, begegneten wir Gretchen wieder in derselben Szene, in der sie sich im Wald verirrt hatte. Es ließ sie wieder erschauern und bereitete ihr Leid, sich so kalt und verloren zu fühlen.

Ich dachte, Gretchens Leben habe sich in Deutschland abgespielt, bis das Dirndl erwähnt wurde. Das begrenzte die Angelegenheit auf Bayern oder Österreich. Dieses Leben wäre schwer zu datieren gewesen, wenn nicht ihre an Cholera sterbende Mutter erwähnt worden wäre. Das verwirrte mich, weil ich wusste, dass die Cholera eine asiatische Krankheit war.

Nachforschungen ergaben, dass sich die Cholera auf Europa ausbreitete und dort zum ersten Mal 1830, dann 1848 und dann, gefolgt von einer schrecklichen Epidemie, im Jahre 1854 auftrat. Jedes einzelne Datum hätte dieses Leben unmittelbar vor das Leben von Sharon in Colorado gestellt, die ebenfalls ein kurzes, ereignisloses Leben führte. Es gab Herzogtümer--von Herzögen regierte Gebiete--in Bayern, und sowohl Österreich als auch Bayern erlebten in dieser Zeit kurze Kriege und mussten mehrmals Armeen aufstellen.

Insgesamt deckte ich während der ein Jahr währenden Arbeit 26 von Katies Leben auf, die eine Fülle von Informationen über eine große Vielfalt an Kulturen und religiösen Überzeugungen enthalten. Diese werden in einem anderen Buch geordnet und dabei die damit verknüpften Karma-Muster nachgezeichnet.

Vorerst spielte ihr Unterbewusstsein noch Spielchen und weigerte sich, tiefer in ein Leben einzutauchen, das für sie von Bedeutung war.

In all den Wochen, in denen wir zusammenarbeiteten, hatte ich das Gefühl, dass es noch etwas anderes gab, direkt unter der Oberfläche, weshalb Katie nicht bereit war, mit mir über etwas zu sprechen, das für sie von Bedeutung war.

Kapitel 4

Das Geheimnis Kommt ans Licht

KATIE BEGANN, sich mit der Idee der Reinkarnation und mit der Möglichkeit, dass diese von ihr in Trance durchlebten Leben möglicherweise real gewesen sein könnten, zu arrangieren. Woher sonst konnten sie kommen? Selbst in diesen scheinbar einfachen Leben gab es historische und geografische Details, die ihr aufgrund ihrer begrenzten Schulbildung nicht geläufig waren. Wenn sie hätte fantasieren wollen, hätte sie bestimmt „sichere" Gebiete zur Sprache gebracht, Dinge, die sie aus Filmen, Büchern oder dem Fernsehen kannte.

Sie gewöhnte sich auch an mich, und wir bauten eine gute Arbeitsbeziehung auf. Eines Nachmittags, als wir über die Sitzung des damaligen Tages sprachen, bestätigte sie meinen Verdacht, dass etwas anderes direkt unter der Oberfläche lag. Sie beschloss, mir zu sagen, was sie beunruhigt hatte.

Katie hatte darüber nachgegrübelt, was ich ihr über die Emotionen gesagt hatte, nämlich dass sie der Schlüssel zu einer echten Erinnerung sind. Sie dachte, das könnte die Erklärung für ein merkwürdiges Ereignis sein, das sich etwa sechs Monate vor meiner Begegnung mit ihr ereignet hatte, ein Ereignis, das starke Emotionen und Traumata in ihr ausgelöst hatte. Sie hatte das Gefühl gehabt, dass es zu sonderbar war, um es irgendjemandem zu erzählen und hatte es im Geheimen für sich behalten. Wenn es für *sie* keinen Sinn ergab, wie konnte sie dann erwarten, dass es für irgendjemand anderen Sinn ergeben würde?

Aus Angst davor, von sogenannten „rationalen" Leuten verhöhnt oder als verrückt angesehen zu werden, hatte sie es für sich behalten. Aber es beschäftigte sie noch immer und sie beschloss, das Risiko der Lächerlichkeit einzugehen, als sie verkündete: „Was würdest du sagen, wenn ich dir erzählen würde, dass ich glaube, bei einer Atombombenexplosion in Japan gestorben zu sein?"

Was würde ich sagen? Ich schreckte auf, aber weil ich an die Reinkarnation glaube, wusste ich, dass es möglich war. Aus der Sicht eines Schriftstellers dachte ich, dass dies eine interessante Möglichkeit sei, die es zu erforschen gilt.

Ich bin sicher, dass jeder weiß, dass der Abwurf der ersten Atombombe auf Hiroshima ein großes Ereignis war, welches das Ende des Zweiten Weltkrieges brachte und den Beginn des Atomzeitalters einleitete. Da ich stets daran interessiert bin, die Ereignisse der Geschichte mithilfe dieser Methode der Hypnose-Rückführung aus erster Hand zu erforschen, stellte dies eine faszinierende Herausforderung dar. Ich halte auch immer wieder Ausschau nach neueren historischen Ereignissen, die sich leichter erforschen lassen, daher war ich natürlich an dieser Möglichkeit interessiert. Aber damals wollte Katie es nicht mittels einer Rückführung untersuchen, die Gefühle waren zu intensiv. Sie hatte begonnen, sich bei mir wohl zu fühlen, und wollte einfach nur darüber reden.

„Ich weiß, es klingt verrückt, aber ich erinnere mich, dort gewesen zu sein", seufzte sie heftig. „Und ich verstehe es nicht."

In der Annahme, dass wir eines Tages vielleicht mehr darüber herausfinden werden, wollte ich Katies bewusste Erinnerungen kennen, bevor sie möglicherweise durch eine hypnotische Rückerinnerung gefärbt werden können. Ich drängte sie, mir von dem Tag zu erzählen, an dem die Erinnerung zum ersten Mal auftauchte.

Sie sagte, dass sie zu diesem Zeitpunkt allein zu Hause war. Da sie nichts weiter zu tun hatte, schaltete sie den Fernseher ein. Es lief eine dokumentarische Sendung, in der ein Interviewer eine japanische Frau befragte. Sie hat nie den Namen der Sendung mitbekommen, aber sie hörte untätig zu, worüber sie sprachen. Katie sagte, dass sie diese Art von Sendung normalerweise nicht anschaut. Sie schaut auch keine Kriegsfilme oder sonst irgendetwas an, das Gewalt zeigt.

Die interviewte Frau war eine Überlebende des Bombenabwurfs über Hiroshima und berichtete ihre Erinnerungen an dieses Erlebnis. Sie war damals noch ein Kind und war an diesem schicksalhaften Tag in der Schule. Die Frau sagte, sie erinnere sich an ein großes blendendes Licht. Sie wusste nicht, woher es kam, und die Menschen rannten und schrien und Dinge stürzten zusammen.

Das Programm verwendete kein Filmmaterial von der Bombenexplosion oder den Nachwehen, obwohl diese Praxis in Dokumentarfilmen dieser Art recht üblich ist. Es sprach lediglich die Frau. Deshalb konnte Katie ihre radikale Reaktion nie verstehen.

Sie sagte, dass etwas in ihrem Kopf einfach „klick" machte und sie plötzlich *sehen* konnte, was geschah. Entsetzt schaltete sie den Fernseher aus, aber sie konnte nicht die Bilder und Szenen ausschalten, die ihr in den Kopf strömten.

„Ich wusste, ich war ein alter Mann und betrachtete es von seinem Standpunkt aus. Ich fühlte seine Gefühle und dachte seine Gedanken. Als ich in meinem Kopf die Szenen des Schreckens nach der Explosion beobachtete, wusste ich, dass er dachte: ‚Das kann nicht sein.', und, dass niemand so etwas Schreckliches tun könnte. Aber vor allem erinnere ich mich daran, was in den Tagen danach geschah. Ich sah die Kinder und die alten Menschen leiden und sterben. Und ich dachte, dass die Menschen, die sofort starben, so viel leichter davonkamen, weil sie das Leiden nicht mit ansehen mussten. Ich weiß, dass er nicht unmittelbar starb, sondern etwa neun Tage lang fortlebte. Was ich in meinem Kopf sah, war ein großer emotionaler Schock, eine schreckliche Erfahrung. Ich konnte nicht verstehen, was mit mir geschah. Ich weiß nicht, woher es kam, aber es war so *real*, dass es mich wirklich erschütterte. Ich weinte danach tagelang und geriet in eine schwere Depression, weil ich einfach nicht damit umgehen konnte.

„Warum glaubst du, hat es dich so getroffen? Hattest du das Gefühl, dass du dort warst oder was war es?" fragte ich.

Selbst jetzt, da sie sich an den Vorfall erinnerte, sprach sie noch mit starker Emotion. „Es war kein Gefühl; ich *wusste* es. Doch ich war damals noch nicht einmal lebendig, also ergab es keinen Sinn. Ich weiß nicht, woher man weiß, dass Dinge geschehen oder geschehen werden. Es ist wirklich etwas von innen heraus. Man weiß es einfach. Es war wirklich eine seltsame Erfahrung, denn ich bin ja jetzt *kein* Mann. Aber das war es, was sich richtig anfühlte. Ich kann es nicht besser erklären."

„Wie hast du die Depression schließlich überwunden?"

Katie seufzte: „Ich konnte es einfach nicht verkraften, also musste ich es irgendwie verdrängen. Ich wusste, dass ich lernen musste, damit fertigzuwerden, aber damals konnte ich nicht damit umgehen."

„Beschäftigt es dich jetzt?"

„Ich glaube, ich lerne jetzt viel besser, damit zurechtzukommen. Ich lerne, es so zu betrachten, als wäre es jemand anderem passiert. Ich kann es herausnehmen, es anschauen und vielleicht ein bisschen besser analysieren. Es ist immer noch ... extrem schmerzhaft."

Ich fand, es war ähnlich wie die Erinnerung an schmerzhafte Ereignisse aus der eigenen Kindheit und wie der Versuch, sie besser zu verstehen. Sie stimmte zu, dass es ein Versuch war, das Warum und Wofür herauszufinden, aber diese Erinnerung war viel frischer als jene aus ihrer Kindheit. Es war ein wirkliches Wiedererleben, das sie durchlebte, als ob es in dem Moment geschähe, mit all den lebendigen und unbearbeiteten Emotionen. Die Wirkung von so etwas kann man sich nur vorstellen, wenn man es selbst erlebt hat. Diese Erfahrung hatte eine starke Wirkung auf sie. Sie verstand es nicht, aber sie konnte seine Realität nicht infrage stellen. Der Schock darüber war im Prinzip der Grund, warum sie ursprünglich eine Hypnose-Rückführung durchführen wollte. Sie suchte nach einer Antwort, um dieses seltsame Ereignis zu erklären, obwohl sie mir das bis jetzt nicht gesagt hatte. Sie war neugierig, aber sie hatte auch Angst.

Auch wenn sie es irgendwie vermieden hatte, Filme anzusehen, die Gewalt oder Kriegserlebnisse zeigen, muss sie das Atombombenereignis aus der Geschichte gekannt haben. Sie antwortete: „Ja, aber die Geschichte ist nicht lebendig, bis man jemanden sieht, der sie durchgemacht hat und man seinen Schmerz durchlebt. Dann wird sie real und man spürt sie viel mehr. Genauso empfinde ich für diesen alten Mann."

Eines war sicher, der Vorfall war mit einer solchen Wucht eingetreten, dass er für ihr bewusstes Leben eine Bedeutung und einen Zweck haben musste. Anderenfalls wäre er durch das schützende Unterbewusstsein versteckt und verborgen geblieben. Aber diese Erfahrung war für Katie zu real gewesen. Sie hatte kein Verlangen danach, sie weiter zu untersuchen. Wenn die durch die Fernsehsendung ausgelöste Erinnerung schon solche Emotionen ausgelöst hatte, hatte sie erst recht Angst davor, was das tatsächliche Wiedererleben des Ereignisses durch eine Rückführung bewirken würde. Sie wusste nicht, ob sie *jemals* bereit sein würde, sich dem unter Hypnose zu stellen. Ich glaubte, dass nichts dem anfänglichen Schock, den sie beim Aufkeimen der Erinnerung erlebt hatte, jemals gleichkommen würde. Ich war sicher, dass es unter Hypnose nicht so traumatisch sein würde, weil es kontrolliert werden könnte.

Etwas beunruhigte mich an Katies sonderbarer Erfahrung. Ich konnte nicht verstehen, warum diese Erinnerungen an die Atombombe nicht schon vorher ausgelöst worden waren. In unserer nuklearen Welt sind wir Geschichten und Bildern von diesem Ereignis ausgesetzt worden, ohne dass wir sie gesucht haben. Seit diesem abscheulichen Ereignis im Jahr 1945 sind sie ein natürlicher Bestandteil unseres Lebens gewesen. Ich konnte nicht verstehen, wie sie 22 Jahre lang ohne Beeinträchtigungen durchkommen konnte.

Dann geschah etwas völlig Unerwartetes, das ihre heftige Reaktion auf den Film erklären könnte.

Es geschah, als sie mir von ihrer kuriosen Geburt in ihr heutiges Leben hinein erzählte. Katie sagte, dass sie bei einer Hausgeburt tot geboren worden sei. Der Arzt versuchte es, war aber nicht in der Lage gewesen, irgendetwas für sie tun, also hatte er ihren schlaffen Körper beiseite gelegt, um seine Aufmerksamkeit auf Katies Mutter zu konzentrieren. Nur durch das Eingreifen von Katies Tante ist sie überhaupt noch am Leben. Obwohl der Arzt ihnen sagte, dass es keinen Sinn habe, es zu versuchen, arbeitete ihre Tante mehrere lange Minuten lang an dem leblosen Körper, bis schließlich ein kläglicher Schrei zu hören war. Ihr ganzes Leben lang hat man Katie diese Geschichte erzählt. Die Familie glaubt mit fester Überzeugung, dass Katie ohne die Beharrlichkeit der Tante heute nicht mehr am Leben sein würde.

Da ich auf den richtigen Augenblick wartete und versuchte, einen Weg zu finden, die japanische Erfahrung aufzudecken, dachte ich, dies sei ein interessanter Weg, den es zu erforschen gilt: Ich wollte Katie durch ihre Geburt führen, um herauszufinden, warum sie tot geboren wurde. Ich war mir sicher, dass es keine negativen Auswirkungen haben würde. Aufgrund früherer Erfahrungen mit diesem Phänomen glaubte ich, dass sie sich zum Zeitpunkt der Geburt nicht einmal im Körper des Babys befand. Sie hatte das Eintreten aus irgendeinem Grund verzögert. Es wäre interessant, herauszufinden, warum sie abgeneigt war, in dieses Leben einzutreten. Was ich vorfand, brachte mich völlig aus der Fassung.

Nachdem sie in eine tiefe Trance versetzt worden war, bat ich sie, in ihrem jetzigen Leben rückwärtszugehen. Anstatt sie zu bitten, zu dem Zeitpunkt zu gehen, als sie geboren wurde, bat ich sie aufgrund der Umstände bei ihrer Geburt, zu jenem Zeitpunkt zu gehen, an dem sie zum ersten Mal in den als Kathryn H. bekannten physischen Körper eintrat. Vielleicht war es diese Formulierung, die den Vorfall auslöste. Das Unterbewusstsein interpretiert alles sehr wörtlich.

Anstatt sich darauf vorzubereiten, in den Körper eines Neugeborenen einzudringen, fand ich sie am Fuße eines Bettes stehend und bereit, in den Körper eines Erwachsenen einzutreten. Sie bereitete sich darauf vor, den Platz mit dem Geist zu tauschen, der den Körper von Katie 21 Jahre lang bewohnt hatte. Diese Wesenheit hatte zu viele Probleme auf sich genommen, die in diesem Leben gelöst werden sollten, und als sie feststellte, dass sie nicht stark genug war, um damit umzugehen, hatte sie darum gebeten, von dieser Situation befreit zu werden. Da sich die beiden Entitäten schon zuvor gekannt hatten und sehr ähnliche Persönlichkeiten hatten, kamen sie darin überein, für den Rest des Lebens dieses physischen Körpers die Plätze zu tauschen. Sie versicherte mir, dass dies völlig angemessen sei und die ganze Zeit geschah, ohne dass das Bewusstsein sich dessen gewahr sei. Diese Methode wurde der höchst verwerflichen Methode des Selbstmordes vorgezogen. Der Körper muss weiterleben, selbst wenn der Geist seinen Vertrag brechen will.

Ich hatte meine Schwierigkeiten, dies zu akzeptieren. Ich dachte, ich hätte schon so viele Rückführungen durchgeführt, dass es nichts mehr gab, was mich hätte überraschen können. Aber immer, wenn wir glauben, alle Antworten zu haben, scheint etwas zu geschehen, das uns von unserer blasierten Selbstgefälligkeit wachrüttelt. Wir werden wahrscheinlich nie alles wissen und die Suche nach Wissen wird wahrscheinlich nie zu Ende sein. Aber der Gedanke, dass wir als bewusste Menschen so wenig darüber zu sagen haben, was tatsächlich in unserem Leben vor sich geht, war für mich ein verstörender Gedanke. Es scheint, als ob unser Bewusstsein bloß ein dünnes Furnier ist, das ein äußerst kompliziertes Inneres bedeckt.

Diese verwirrende Situation klang sehr ähnlich wie das, was man einen „Walk-In" nennt, ein Begriff, welcher Ruth Montgomerys Schriften entstammt und in den allgemeinen

Sprachgebrauch eingegangen ist. Er bedeutet in weiterem Sinne einen Geist, der in einen lebenden Körper „hineinspaziert", anstatt als Baby in diesen Körper hineingeboren zu werden. Ich hatte dieses Phänomen nur einmal zuvor in einer Hypnose-Rückführung erlebt. Diese Erfahrung ereignete sich in den 1960er Jahren, lange bevor der Begriff „Walk-In" überhaupt geprägt worden war, und wurde in meinen Büchern *Fünf Erinnerte Leben* und *Gespräche mit einem Geist* geschildert.

Was mich am meisten beschäftigte, war nicht die Vorstellung, dass Katie ein „Walk-In" war, sondern dass sie ein noch so frischer war. Wenn dieser Geisteraustausch mit 21 Jahren stattgefunden hatte, dann bedeutete das, dass er sich erst etwa sechs Monate, bevor ich sie traf, ereignet hatte. Die Vorstellung war für mich umwerfend. Sie schien nicht anders zu sein als alle anderen, mit denen ich in täglichen Kontakt kam. Wenn man das glauben konnte, dann ist nichts so, wie es scheint. Vielleicht ist alles bloß eine Fassade. Was ist überhaupt Realität? Bedeutet das, dass wir eine andere Person niemals wirklich kennenlernen können? Bedeutet es, dass wir uns selbst nie wirklich kennenlernen können? Diese Situation schärfte mir zum ersten Mal recht stark die Trennung der verschiedenen Teile eines menschlichen Wesens ein und wie wenig Kontrolle wir wirklich über diese anderen Teile haben. Das brachte meinen Geist ins Schwanken. Ich muss mich an den Gedanken gewöhnen, dass bei dieser Art von Arbeit alles passieren kann und dass das Unerwartete und das Ungewöhnliche eher die Norm als die Ausnahme sind.

Vielleicht barg diese Sitzung die Antwort auf die Frage, die mich beschäftigt hatte. Vielleicht war dies die Erklärung dafür, warum Katies traumatische Erinnerung nicht schon zuvor geweckt worden war. Sie sah das Fernsehinterview Anfang 1982, kurz nachdem sie offenbar in diesen Körper eingetreten war. Sie hatte Katies Erinnerungen absorbiert, trug aber auch ihre eigenen vergangenen Reinkarnationserinnerungen in sich. Da sie erst vor so kurzer Zeit eingetreten war, waren diese Erinnerungen noch frisch in ihrem Geist. Sie hatten nicht genug Zeit gehabt, um durch das Trauma der Geburt und das Erwachsenwerden abzustumpfen. Für diese neue Wesenheit war es, als ob der Bombenabwurf auf Hiroshima gerade erst stattgefunden hätte, anstatt wie tatsächlich beinahe 40 Jahre zuvor. Die Erinnerung strömte mit so vielen frischen Emotionen in ihren Geist, dass Katie überwältigt wurde.

Ich zögerte, ihr zu berichten, was sie in der Trance gesagt hatte. Ich wusste nicht, ob sie jetzt noch weitere Komplikationen in ihrem Leben brauchen konnte. Aber ich hatte das Gefühl, dass wenn sie es nicht wissen sollte, ihr Unterbewusstsein diese Information verdrängt hätte.

Als Katie mit der Idee konfrontiert wurde, ein Walk-In zu sein, war sie, gelinde gesagt, erschrocken. Sie sagte, sie könne das nicht glauben. Sie fühle sich nicht anders und wisse, dass sie immer noch dieselbe Person sei. Katie sagte, dass ihre Eltern bemerkt hätten, dass sie anders sei, dass sie sich im letzten Jahr oder so verändert habe. Aber das hätte auch lediglich ein Teil des natürlichen Reifeprozesses gewesen sein können. Ihr Bewusstsein rebellierte gegen diese Idee und sie hatte die gleichen Schwierigkeiten, wie ich, etwas von dieser Größenordnung aufzunehmen. Da die Geschichte ihrer ungewöhnlichen Geburt eine gut dokumentierte Tatsache war und in ihrer Familie immer wieder erzählt worden war, war es offensichtlich, dass diese Information über Walk-Ins das Letzte war, womit sie während der Rückführung gerechnet hatte. Ich sagte ihr, wenn sie die Idee nicht akzeptieren wolle, müsse sie es nicht tun. Sie könne es einfach wie eine interessante Merkwürdigkeit behandeln. Das fiel ihr nicht schwer, denn es war für sie nicht real. Als Somnambulistin erinnerte sie sich an nichts, was sie während der Trance gesagt hatte.

Könnte dieses unerwartete Phänomen auch Katies bemerkenswerte somnambulistische Rückführungs-Fähigkeiten erklären? Hatte sie durch die Abwesenheit der normalerweise damit verbundenen Geburts- und Aufwachprozesse und durch das erst kürzliche Eintreten in den Körper weniger innere Blockaden? Könnte das der Grund dafür sein, dass uns ein leichterer Zugang zu ihrem Unterbewusstsein gewährt wurde? Das warf interessante Fragen auf, aber nur wenige Antworten.

Ja, dies könnte möglicherweise die Erklärung für das plötzliche Auftauchen dieser Erinnerungen sein, aber zu diesem Zeitpunkt schien die Ursache zweitrangig zu sein. Nachdem der anfängliche Schock dieser unerwarteten Entwicklung begonnen hatte, abzuklingen, sagte ich mir, dass ich dies vorerst beiseiteschieben müsse. Ich würde mich auf Katies Problem konzentrieren müssen, auf den wahren Grund, warum sie eine Rückführung erleben wollte, nämlich um herauszufinden, ob sie in einem anderen Leben wirklich an der Atombombenexplosion in Hiroshima beteiligt war. Das war die Frage, die sie beschäftigt hatte und die ungebeten im Hintergrund lauerte. Ich musste einen Weg finden, Zugang zu den Antworten zu erhalten, um ihren Geist zu beruhigen und die Vergangenheit ruhen zu lassen. Aber wie konnte dies erreicht werden?

Natürlich wusste ich im Hinterkopf, dass wenn ich dies nur aus der Neugier eines Schriftstellers und eines Forschers heraus täte, ich diese Erinnerung (wenn es sie tatsächlich gab) jederzeit hervorholen konnte. Alles, was ich tun müsste, wäre, ihr die Schlüsselwort-Suggestion zu geben und sie dorthin zu bringen. Ich hatte eine Beziehung mit ihr aufgebaut und es war möglich, dass ihr Unterbewusstsein kooperierte. Ja, ich würde meine Geschichte bekommen, aber ich würde etwas viel Wichtigeres verlieren: Katies Vertrauen. Wenn ich das bräche, würde sie sich wahrscheinlich aus den Sitzungen zurückziehen und Angst haben, nochmals mit mir zu arbeiten. Es wäre in der Tat das Äquivalent einer Vergewaltigung (des Geistes), ihre tiefen Gefühle zu ignorieren und Informationen gegen ihren Willen zu gewinnen. Ich wusste, dass ich es Schritt für Schritt tun musste und nichts tun durfte, um sie in eine traumatische Situation zu zwingen, bis sie dazu bereit war, wenn sie überhaupt je dazu bereit sein würde.

Natürlich war ich neugierig, aber dies war eine von vielen Zeiten, in denen Geduld wichtiger war und sich auszahlen würde. Damals konnte ich in keinster Weise wissen, dass wir auf die Probe gestellt wurden. Hätte ich das egoistisch gehandhabt, wäre nichts von all dem reichhaltigen Material, das hinterher kam, jemals herausgebracht worden. Es ist, als ob das Jesus-Material (über das ich in meinem Buch *Jesus und die Essener* berichtete) eine Belohnung, ein krönender Abschluss für die geduldige und verständnisvolle Art war, wie mit diesen vielen anderen Wesenheiten umgegangen wurde.

Kapitel 5

Die Erinnerung Kommt Hoch

EINES TAGES, bevor wir die Sitzung begannen, schlug ich vor, uns in jenen Zeitraum der 1940er Jahre zu begeben, um herauszufinden, ob es dort etwas gibt. Wir wussten, dass sie Ende der 1870er Jahre als Sharon in Colorado gestorben war und 1960 in diesem gegenwärtigen Leben als Katie wiedergeboren wurde. Das war eine Lücke von fast einhundert Jahren. Es bestand die Möglichkeit, dort vielleicht ein anderes Leben zu finden. Es war interessant zu sehen, ob es das japanische Leben war. Bis jetzt hatte ich sie noch nie zu einem bestimmten Datum geführt. Ich ließ ihr Unterbewusstsein das Sagen haben, damit sie das Gefühl hatte, die Situation unter Kontrolle zu haben. Ich sagte ihr, ich würde ein Jahr auswählen, das nicht einmal annähernd in den Kriegsjahren liegen würde, und sehen, was wir vorfinden würden. Da dies sicher klang, willigte sie ein.

Nachdem das Schlüsselwort sie in den vertrauten tiefen Trancezustand versetzt hatte, sagte ich ihr, sie solle zu einem glücklichen Tag im Jahr 1935 gehen. Dies wäre ein neutrales Jahr vor dem Beginn des Zweiten Weltkriegs. Falls sie seinerzeit nicht am Leben war, würde sie das sagen. Sie könnte sich am geistigen Ruheplatz oder in einer der Schulen auf der Astralebene befunden haben. (Diese Seinszustände werden in meinem Buch *Gespräche mit einem Geist* untersucht.) Ich würde keinerlei Einfluss darauf haben, wo sie war.

Ich zählte sie zurück und fragte sie, was sie gerade tat. Plötzlich wurde sie zu einem Mann Ende fünfzig, der an einem Brennofen hinter seinem Haus töpferte. Er befand sich auf seiner kleinen Farm etwa 30 Kilometer südlich von Hiroshima in Nippon (das japanische Wort für Japan).

Ich kann nicht gerade sagen, dass ich überrascht war, ihn dort vorzufinden. Die Erinnerung war für Katie so gewaltig und emotional gewesen, dass ich überzeugt war, sie müsse aus einem früheren Leben stammen. Ich war froh, dass ich dies überprüfen ließ.

Brad Steiger, bekannter Autor und Reinkarnationsexperte, hat nahegelegt, keine Forschung zu betreiben, während man mit einem Probanden arbeitet, da die geringe Möglichkeit des Wissenstransfers über ESP (Extrasensory Perception, im Dt.: Außersinnliche Wahrnehmung, abgekürzt ASW, *Anm. d. Übersetzers) besteht. Daher forschte ich erst Monate, nachdem wir mit den Sitzungen abgeschlossen hatten, über dieses japanische Leben nach. Ich nahm an, ich würde auf meine alten Reserven angewiesen sein: Bücher. Sie hatten mich noch nie im Stich gelassen. Buchforschung ist lohnenswert, aber langsam. Es hilft immer, wenn man jemanden findet, der mit dem Thema, das man recherchiert, vertraut ist. Es gab ausländische Studenten an der nahe gelegenen Hochschule, aber ich dachte, sie wüssten wahrscheinlich nicht mehr über die Kriegsbedingungen in Japan als die jungen Leute unseres eigenen Landes. Durch einen genialen Glücksfall traf ich zufällig eine Frau, die fünf Jahre in Japan verbracht und eine Studie über seine

Geschichte und seine Sitten angefertigt hatte. Ich bin ihr für ihre Hilfe zu großem Dank verpflichtet. Ich habe ihre Erkenntnisse sowie meine Recherchen an den entsprechenden Stellen der Geschichte eingebracht. Der Name des Japaners war für mich schwer phonetisch zu transkribieren, weil der Klang meinem Ohr fremd war. Als sie sich die Bänder anhörte, sagte sie, sein Name sei Nogorigatu.

Der Leser wird gelegentlich etwas bemerken, was als Grammatikfehler erscheint, Fehler, die Katie normalerweise nicht machen würde. Diese werden durch die Ausdrucksweise verursacht, die der Japaner in der mentalen Übersetzung verwendet.

Ich begann, die Identität festzustellen. Ich fragte, ob seine Farm sehr weit vom Meer entfernt sei. Er antwortete: „Wo kann man auf einer Insel dem Ozean entfliehen?" Die Farm bestand aus drei in einem Tal gelegenen Feldern. Die nächste Stadt war ein kleines Fischerdorf unten an der Meeresbucht. Er konnte den Ozean nicht sehen, weil seine Farm zwischen Bergen lag. Er hatte zwei Söhne, einer war 33 und der andere 29, die mit ihren Familien in der Nähe lebten und ihm und seiner Frau beim Reisanbau halfen, der ihr Haupteinkommen war. Ich fragte ihn, ob er den Reis zum Verkauf anbaue. Katies Stimme nahm einen seltsamen Akzent an. Sie sprach in einer knackigen Art und hackte ihre Worte ab.

K: Nein, er ist für uns. Manchmal tauschen wir ihn gegen andere Lebensmittel ein.
D: *Was esst ihr noch, außer Reis?*
K: Fisch vom Fluss. Bohnensprossen. Manchmal Bambussprossen, Wasserkastanien und Paprika. Wir bauen diese in unserem Garten an.
D: *Dann müsst ihr nicht viel kaufen.*
K: Nein, unsere Bedürfnisse sind bescheiden.
D: *Habt ihr irgendwelche Tiere oder Viehbestand?*

K: Einige Ziegen und Hühner.
D: *Wenn ihr den Reis anbaut, benutzt ihr dabei Tiere, um den Boden zu bearbeiten?*
K: Mein Sohn hat zwei Ochsen, die er benutzt, um den Pflug zu ziehen. Ja, er hält sie dort.

Ich wollte etwas über das Reisanbauverfahren herausfinden. Zwei Jahre lang habe ich auf den Philippinen gelebt und habe mich immer gefragt, warum die Felder mit Wasser bedeckt sind. Ich war mir sicher, dass Katie nicht mehr über diese Dinge wusste als ich.

K: Es hält andere Dinge vom Wachsen ab. Der Reis wird im Wasser wachsen, aber das Unkraut nicht.

Das klang logisch.

D: *Was tut ihr, wenn ihr bereit seid, den Reis zu ernten?*
K: Zuerst legen wir die Felder trocken. Die ganze Familie hilft mit. Wir gehen raus auf die Felder, ernten ihn und bringen ihn zum Trocknen rein.
D: *Ist es schwierig, die Felder trockenzulegen?*
K: Wir haben Wasserabfuhrstollen.

Ich fragte ihn nach seinem Haus.

K: Es ist recht groß, mit sieben Räumen. Eines der größeren in der Gegend. Es hat eine Südlage, ein graues Dach mit Pagodengiebeln. Wir haben Schlafgemächer, eines für meine Frau und mich. Und dann haben wir die Räume, in denen meine Söhne ... die meinen Söhnen gehörten. Und dann haben wir den Raum, in dem sich der Kohlengrill befindet. Und dann haben wir den Raum, der eher wie eine Veranda ist, die Türen, sie lassen sich so verschieben, dass der Raum entweder offen oder geschlossen sein kann. Und dann haben wir den Raum hinten, welchen wir zum Einlagern von Dingen benutzen. Ich habe dort meine Töpfe und verschiedene Dinge ... dort bewahren wir den Reis und die Lebensmittel auf.

Ich fragte nach der Essensgestaltung und den Möbeln.

K: Wir haben einen niedrigen Tisch, an dem wir alle sitzen, an jeder Seite einer. Und wir haben unsere Kissen, auf denen wir knien. Manchmal sitzt man im Schneidersitz, manchmal kniet man. Es hängt von der persönlichen Bequemlichkeit ab. Manchmal wird der obere Teil vom Wok herübergebracht und auf den Tisch gestellt. Manchmal füllen wir bloß unsere Teller und setzen uns dann. Je nachdem, wie formell oder informell der Anlass es erfordert.
D: *Wie heizt du das Haus, wenn es kalt wird?*
K: Wir haben kleine ... Öfen, kleine Holzkohleöfen, die wir nutzen.
D: *Stellt ihr sie in jedes Zimmer?*
K: Ja, in die, die wir zu der Zeit bewohnen. Und wir nutzen sie; das ist normalerweise ausreichend.
D: *Was ist, wenn ihr ein Bad nehmen wollt?*
K: Wir benutzen eine große Wanne und wir füllen sie mit erhitztem Wasser.
D: *Werdet ihr als reich oder als arm angesehen?*
K: Wir sind zufrieden.

Nachforschungen zeigten, dass nur sehr wenige japanische Farmen größer als ein paar Hektar waren. Es gibt so wenig bewässerbares Land, dass jedes kleinste Stückchen bewirtschaftet und genutzt wird. In jener Zeit gab es nur wenige landwirtschaftliche Nutztiere; die meiste Arbeit wurde von Hand verrichtet. Nogorigatu war also offensichtlich besser dran als der durchschnittliche Bauer. Dies geht auch aus der Beschreibung seines Hauses hervor. Die meisten Bauern bauten ihre Häuser mit Rasendächern;

seines hatte Pagodengiebel und sieben Zimmer. Eine interessante Tatsache ist die Südlage. Die Japaner bauen ihre Eingänge nie nach Norden hin, weil sie glauben, dass dies „das Böse" einlädt. Der Raum mit dem Kohlenbecken war der Küchenbereich, in dem das Kohlenbecken in einer brunnenartigen Konstruktion fest im Boden eingebaut war. Die kleineren Kohleheizkörper wurden mit Kohle aus diesem größeren Kohlenbecken gefüllt und dann in die anderen Räume gebracht. Der Raum, der wie eine Veranda mit Schiebetüren aussah, diente der Belüftung, um im Sommer Luft hereinzulassen und im Winter die Luft auszusperren. Mir wurde gesagt, dass die Beschreibung des Hauses völlig korrekt sei.

Ich fragte nach der Art der Kleidung, die er trug. Er sagte, er trage ein Gi (phonetisch), d. h. ein Hemd, das gewickelt und mit einem Gürtel gebunden sowie mit einer gekürzten Hose getragen wurde. Er trug diese Art Kleidung zur Arbeit und einen Kimono, wenn er sich fein machte. Ich fand heraus, dass dieses Gi die gleiche Art Tracht ist, die in den USA von Karate lernenden und praktizierenden Menschen getragen wird. Es ist in Japan ein gebräuchliches Kleidungsstück und wird von allen Männern bei ihren täglichen Geschäften getragen. Der Kimono ist formeller.

Da er sich mit der Herstellung von Keramik beschäftigte, wollte ich mehr darüber wissen. Das sind alles Themen, von denen ich keine Ahnung hatte, also konzentrierte ich mich darauf, Fragen über Dinge zu stellen, die mir fremd waren. In späteren Sitzungen sollte ich ihn häufig bei der Arbeit an dem antreffen, was er liebevoll „meine Töpfe" nannte. Als ich ihn das erste Mal antraf, machte er gerade eine Vase.

K: Sie ist kreisrund. Sie hat rote Asche und wurde mit getropften Farben gebrannt.
D: *Warum stellst du die Töpfe her?*

K: Ich verkaufe sie in der Stadt. Ich habe sie bis nach Tokio verkauft, aber hauptsächlich verkaufe ich sie in Hiroshima. Meistens auf dem freien Markt. Wir haben einen Stand, der uns gehört.

Er sagte, Hiroshima sei etwa 30 Kilometer entfernt, und sie gingen in der Regel nur einmal im Monat auf den Markt und ließen die Ochsen den Wagen ziehen.

D: *Bleibt ihr in der Stadt, bis ihr alles verkauft habt?*
K: Manchmal. Manchmal bleiben wir nur für einen Tag, manchmal für zwei. Das hängt davon ab, wie alles läuft. Normalerweise wohne ich bei meinem Cousin. Er lebt dort. Meistens bin nur ich da und meine Söhne bleiben auf dem Hof, um zu arbeiten.
D: *Da ihr euren Reis nicht verkauft, ist eure Töpferei das Einzige, was ihr zum Geldverdienen habt?*
K: Ja.
D: *Bist du gut im Töpfern?*
K: Auf meine Weise. Viele sagen das. Es ist mein Leben.
D: *Zahlen die Leute sehr viel für deine Töpferwaren?*
K: Es ist genug, dass es uns gut geht.
D: *Ich meine, ist sie teuer?*
K: Schönes ist das für gewöhnlich.

Ich versuchte, einen Betrag in japanischem Geld zu bekommen, wobei ich mir sicher war, dass Katie bewusst nichts darüber wissen konnte. Ich stellte fest, dass diese ausweichende Art zu sprechen sehr typisch für Japaner war.

D: *Stellst du neben Töpfen noch etwas her?*
K: Manchmal stelle ich Töpferschalen her. Wie Kuu wan yen, manchmal mache ich diese.

Zuerst dachte ich, er habe Kwannon gesagt, den Namen der Göttin der Barmherzigkeit. Deshalb stellte ich die nächste Frage.

D: *Stellst du jemals kleine Buddhas oder Figuren von Göttern oder Göttinnen her?*
K: Nein. Ich sehe keinen Grund dazu. Es gibt andere, die ... das ist deren Arbeit. Warum sollte ich mich da einmischen, wenn ich den Wunsch habe, diese Abbilder hier zu erschaffen. Ich erschaffe nur, was ich für schön halte.

Wenn das Wort tatsächlich Kwannon gewesen wäre, dann wäre dies ein direkter Widerspruch gewesen. Als ich diese Abschrift der Frau zeigte, die mir mit den japanischen Informationen half, sagte sie, das Wort sei nicht Kwannon, sondern Kuu wan yen. Dies ist eine Schale, die auf dem Familienaltar platziert wird und in die Geld oder Essen als Opfergabe für die Götter gelegt wird. Sie sagte, es sei sehr gut möglich gewesen, dass er diese gefertigt hat.

D: *Was für eine Art Figuren machst du?*
K: Figuren aus Ton. Tiere, manchmal Blumen, manchmal Dinge aus der Natur, wie Berge.
D: *Verkaufen die sich gut?*
K: Normalerweise schon. Es hängt von der Stimmung der Menge ab. Wonach die Leute suchen. Die Figuren sind wirklich meine Bestimmung. Ich mache sie wegen ihrer Schönheit. Sie gefallen mir.
D: *Braucht es lange, bis die Töpferei fertig ist?*
K: Es ist keine schnelle Arbeit. Man muss alles genau richtig machen. Wenn man es in Hast und Eile macht, hat man am Ende nur zerbrochene Scherben.
D: *Woher gewinnst du die Farben, die du in der Töpferei verwendest?*

K: Manchmal aus den Kräutern, manchmal aus dem Schlamm im Bach. Manchmal kaufe ich sie, aber mit größter Wahrscheinlichkeit finde ich sie. Ich nutze die Dinge aus der Natur. Nachdem sie getrocknet sind, werden sie pulverisiert. Man pulverisiert sie und mischt sie manchmal mit Wasser, manchmal mit anderen Dingen.

Das war eine neue Idee für mich. Ich wusste nicht, dass man Farben aus Kräutern herstellen kann.

D: *Wie bezeichnest du die verschiedenen Kräuter, die die besten Farben ergeben?*
K: Ich finde sie einfach. Es gibt verschiedene. Ich weiß nicht, wie man sie bezeichnet.
D: *Es braucht viel Kenntnis, um zu wissen, welche es sind. Welche Farben ergeben sie?*
K: Manchmal grün, manchmal leuchtend rot. Einige sind Blautöne.
D: *Welche Farben musst du zukaufen?*
K: Zumeist die dunklen Blautöne.
D: *Bringst du Designs auf den Töpfen an?*
K: Ich gieße die Farbe oder die Grautöne in den Topf und drehe ihn. Wo sie dann hinfällt, das ist das Design.
D: *Dann zeichnest du keine Designs. ... Hat dieses Land einen König oder eine ...*
K: (Unterbrechend) Es hat einen Kaiser. (Ich fragte nach seinem Namen und dann gab es eine lange Pause.) Der Kaiser ist die Sonne. Ich erinnere mich nicht an seinen Namen. Wer schert sich um Politik; sie verändert sich. Die Politik macht einem Sorgen. Ich lebe mein Leben in Frieden.

Die Japaner glauben, dass der Kaiser der leibhaftige Sonnengott ist.

D: *Habt ihr viele Nachrichten über das, was in der Welt geschieht?*
K: Nein, die Welt lässt mich in Ruhe und ich lasse die Welt in Ruhe.

Katies ausgelöste Erinnerungen waren also korrekt. Wir hatten festgestellt, dass sie in dieser Zeitspanne tatsächlich am Leben gewesen war. Sie war ein japanischer Mann und hatte nahe eines der berüchtigten Orte der Bombenangriffe des Krieges gelebt. Aber waren 30 Kilometer nah genug, um die Auswirkungen der Atombombe mitzubekommen? Zu diesem Zeitpunkt wusste ich sehr wenig über die Atomexplosion.

Nach dieser Sitzung fragte ich, wie ihre Reaktionen nun seien, nun, da wir festgestellt hatten, dass dort wirklich ein Mann in Japan lebte. War sie überrascht, oder hatte sie es mehr oder weniger erwartet?

„Meine Reaktionen? Gemischt, um es vorsichtig auszudrücken", lachte sie. „Im Hinterkopf könnte ich sagen: ‚Na ja, vielleicht'. Aber ich wollte nicht wirklich zugeben, dass es möglich sein könnte. Selbst bei den Emotionen, welche die Fernsehsendung auslöste, konnte ich immer sagen: ‚Wow, du hast wirklich eine wilde Fantasie'. Es war wirklich ein merkwürdiges Gefühl, es mehr oder weniger bestätigt zu bekommen."

Ich sagte: „Vielleicht bist du an der Strahlenbelastung gestorben, als du auf dem Bauernhof lebtest. Aber konnte das auch 30 Kilometer entfernt passieren?"

Sie antwortete nachdrücklich: „Nein, ich war zu dieser Zeit *in* Hiroshima. Ich kenne es!"

Ich wollte mehr über diesen Mann erfahren. Wenn er tatsächlich auf diese Weise gestorben war, wie kam er dann nach Hiroshima?

Tief im Innern wurde Katie also etwa sechs Monate, bevor wir uns getroffen und unsere Sitzungen begonnen hatten, durch eine Erinnerung gestört, die bar jedweder rationalen Erklärung war. Sie wusste, dass sie ein alter Mann war und dass sich dieser in Hiroshima aufhielt, als die Bombe explodierte. Sie wusste, dass der Mann nicht unmittelbar starb, sondern dass er noch neun Tage lang weiterlebte. Ihre lebhafteste Erinnerung und gleichzeitig diejenige, die sie am meisten verfolgte, war, dass sie andere sterben hörte. Das brachte Gefühle der Frustration und Wut hervor. Sie konnte sich nicht vorstellen, wie jemand so etwas tun konnte, um anderen Menschen derart viel Schmerz und Leid zuzufügen. Die Erinnerung an die Schreie der anderen war es, was ihr eigenes Weinen und die Depression auslöste, die mehrere Tage lang anhielt. Von Zeit zu Zeit war der Vorfall weit genug hervorgetreten, um sie zu veranlassen, nach einer Antwort zu suchen, und das war der Hauptgrund, eine Rückführung in vergangene Leben auszuprobieren. Würden wir die Antworten finden? Ihr Bewusstsein verband so viel Trauma mit dem Vorfall, dass sie kein Verlangen spürte, ihn zu wiederholen. Aber würde ihre Neugierde siegen? Keiner von uns hatte eine Ahnung, was uns erwartete, aber es stand fest, dass wir weitermachen wollten.

Als die Frau, die mir half, die Abschrift studierte, sagte sie, dass sie extrem präzise sei. Obwohl einige von Katies Beschreibungen vereinfacht seien, konnte sie keinen Fehler darin finden. Sie waren voller kleiner Details, die nicht durch Nachforschung gewonnen werden konnten, sondern nur durch jemanden, der tatsächlich in Japan gelebt hatte. Als Katie und ich gemeinsam an diesem vergangenen Leben arbeiteten, sollten wir eine sehr reale Person entdecken, die all die komplexen Emotionen besaß, die uns zu menschlichen Wesen formen. Dies war keine imaginäre Pappfigur. Er sollte für mich so real werden, dass er später begann, mich heimzusuchen, mich zu stupsen, um seine Geschichte zu erzählen. Ich lernte Nogorigatu sehr gut kennen. Ich mochte ihn und er wurde mein Freund. Ich frage mich oft, was er wohl über mich dachte. War ich nur eine leise, kleine Stimme in seinem Kopf, die Fragen stellte? Ich habe das Gefühl, eine sehr wichtige Erfahrung mit ihm geteilt zu haben, und wenn ihm meine Präsenz dort in irgendeiner Weise half, diese Tortur zu akzeptieren und durchzustehen, dann bin ich dankbar für diese Gelegenheit.

Kapitel 6

Kindheit

Selbst wenn wir niemals in der Lage sein würden, den Tod Nogorigatus zu untersuchen, war dies eine einzigartige Gelegenheit, um an Informationen über Japan zu gelangen. Da ich noch nie jemanden zu einer japanischen Lebenszeit zurückkehren ließ, gewann meine unersättliche Neugierde die Oberhand. Ich möchte immer alles mir nur Mögliche über jede Zeitperiode oder Kultur herausfinden, die mir begegnet. Ich stelle viele Fragen und versuche, jede erdenkliche Facette abzudecken. Das macht später, wenn ich mit meiner Recherche beginne, viel Arbeit, aber auf lange Sicht ist es das wert. Meine Befragung dient auch als Test, denn sie erhöht die Möglichkeit von Fehlern, wenn man nach etwas völlig Unbekanntem fragt.

Ein sicherer Weg, dieses Leben zu erforschen, ohne ein Trauma zu durchleben, war eine Rückkehr in die Kindheit Nogorigatus. Auf diese Weise konnte sich Katie mit der Persönlichkeit vertraut machen. Die Geschichte durfte nicht überstürzt werden; ich wusste, dass sie durch Geduld leichter zu gewinnen sein würde.

D: Bist du jemals zur Schule gegangen?

K: Ja. Ich fing an, als ich sieben Jahre alt war und mein letztes Jahr war ... ich glaube, ich war 12, 13. Drei, vier oder fünf Jahre. Ich kann mich nicht mehr erinnern. Es ist schon lange her. Der Großteil unseres Lernens geschieht durch „Anpacken". Man muss einen Beruf als Lehrling erlernen. Normalerweise lernt man das von seinem Vater oder vielleicht von einem Großvater, oder manchmal sogar von einem Cousin, wenn er keine Söhne hat. Eventuell entscheidet man sich dafür, einen der Söhne woanders aufzuziehen, wenn er das wünscht, damit er einen anderen Beruf erlernen kann.

D: *Ist es das, was Lehrling sein bedeutet, von jemand anderem zu lernen?*

K: Ja, von jemandem, der ein Meister in diesem Handwerk ist und einen unterrichtet, ja.

D: *Es ist gut, sein Wissen weiterzugeben.*

K: Auf diese Weise lebt etwas von einem weiter, auch nachdem man gegangen ist.

D: *Verbringt ihr viele Jahre mit dem Lernen?*

K: Das hängt davon ab, wie langsam man ist, und es hängt auch davon ab, was man studiert. Einige Dinge erfordern viel mehr Wissen als manch andere. So wäre ein Landwirt zu werden nicht so disziplinierend, wie ein Künstler oder ein Maler zu werden.

D: *Dann dauert es länger, dein Handwerk, das Töpfern zu erlernen, ist das richtig?*

K: Ja, ich habe mehrere Jahre dafür gebraucht. Man lernt die Anfänge, und man lernt, wie man die Dinge formt. Man lernt etwas über Glasuren und wie man sie herstellt. Wie man Dinge brennt und wie man weiß, ob sie richtig gebrannt sind oder ob sie noch länger drin bleiben müssen. Denn wenn sie einmal draußen und abgekühlt sind, ist es vorbei. Man kann sie nicht wieder hineinlegen.

Ich wollte sehen, wie eine japanische Schule jener Zeit aussah, also zählte ich ihn bis zu dem Zeitpunkt zurück, als er etwa 11 Jahre alt war und die Schule besuchte. Ich bat ihn, mir zu sagen, was er sah.

K: Es gibt niedrige Tische, wobei wir alle an einem Tisch sitzen, und wir haben einen Tintentopf und Pinsel. (Die Stimme war merklich jünger.)
D: *Ihr sitzt alle an einem Tisch?*
K: Nein, jeder hat einen kleinen Tisch, an dem er sitzt. Manchmal sind wir bis zu 16 Personen, manchmal nur acht oder neun, je nachdem, wer zu Hause gebraucht wird. Wir lernen jeweils auf unserer eigenen Lernstufe. Wir lernen nicht alle die gleichen Dinge. Manche von uns lernen Schreiben und Lesen, manche Mathematik. Wir haben ein paar Bücher. Ein Großteil des Lernens erfolgt auf ... Schriftrollen, denke ich. Papiere, die zusammengerollt und dann gebunden wurden.
D: *Lest ihr diese oder verwendet ihr sie, um schreiben zu üben?*
K: Sowohl als auch. Wir haben Zettel aus Papier, auf denen wir das Schreiben mit dem Pinsel üben.
D: *Ist es schwierig, schreiben zu lernen?*
K: (Lachend) Nichts von alldem ist einfach. Man zieht hier und da eine Linie. Meine Pinselstriche sind nicht sehr gut und ich mache Flecken und sie geben dem Ganzen eine andere Bedeutung. Ein Punkt an der falschen Stelle. (Lachte wieder.) Einige von uns verbringen ihre ganzen Schuljahre damit, einfach nur schreiben zu lernen. Ansonsten sind es nur Kritzeleien.
D: *Ich habe gehört, dass es viele Zeichen gibt.*
K: Die gibt es ... irgendwo zwischen drei- oder viertausend, glaube ich. Ich weiß es nicht.

Es gibt tatsächlich etwa 20.000 Zeichen, aber einem Kind erscheinen selbst 4.000 als eine enorme Menge.

D: *Habt ihr mehr als einen Lehrer?*
K: Wir haben einen. Es ist ein Mann.
D: *Magst du ihn?*
K: Er ist sehr streng. Es ist sehr schwer, ihn zu mögen oder nicht zu mögen. Es ist schwer, eine Meinung über ihn zu haben. Er ist ... (Seufzen) ah, ich weiß nicht, er ist einfach sehr gerecht.
D: *Mit anderen Worten: Er ist ein richtiger Lehrer. Ihr würdet nichts anderes über ihn denken?*
K: Ja, man kann ihm nicht auf der freundschaftlichen Ebene begegnen, daher ist es schwer zu beurteilen.
D: *Ist die Schule sehr weit von deinem Wohnort entfernt?*
K: Nein, sie liegt im Dorf. Vielleicht eineinhalb Kilometer entfernt, vielleicht mehr, vielleicht weniger. Sie ist gleich dort in der Gegend.
D: *Geht noch irgendjemand aus deiner Familie mit dir zur Schule?*
K: Ja, mein Bruder. Es sind all die Kinder, die in dem Alter sind, in welchem Kinder lernen und zur Schule zu gehen, und die zu Hause nicht gebraucht werden. Das ist für gewöhnlich im Alter zwischen sechs und sieben Jahren, und wenn sie Glück haben, dürfen sie bis etwa 14 Jahre zur Schule gehen. Aber in der Regel ist es nur bis etwa 12 oder 13, je nachdem, wie lange man entbehrt werden kann. Wenn man älter wird, wird man zuweilen öfters zu Hause gebraucht. Und sie rechnen damit, dass man in der Schule viel gelernt hat und noch mehr lernen kann, so was wie den Beruf des Vaters oder was auch immer. Jeder lernt.
D: *Gehen Mädchen auch zur Schule?*
K: Nicht in meiner Schule.

Das glaubte ich auch nicht, aber ich dachte, ich sollte trotzdem fragen.

D: *Gab es einen Grund, warum ein Mädchen nicht ging?*
K: Ich weiß es nicht. ... Ich weiß nur, dass wir keine Mädchen haben.
D: *Wenn ein Mädchen gehen wollte, war es ihr erlaubt?*
K: Wahrscheinlich nicht. Meistens werden sie, glaube ich, von ihren Müttern unterrichtet. Ich habe keine Schwestern, daher weiß ich es nicht. Ich habe drei Brüder.
D: *Magst du die Schule?*
K: Ähm ... es ist interessant. Wir lernen viele neue Dinge und sind mit anderen Menschen zusammen, aber es ist nicht meine Lieblingsbeschäftigung. Sie nimmt zu viel von meinem Tag ein.
D: *Wie viele Stunden am Tag gehst du hin?*
K: Ähm, vielleicht fünf, sechs oder sieben Stunden. Ich weiß es nicht sicher. Es ist manchmal auch von Tag zu Tag verschieden. Je nachdem, wie viel bei dem, was wir gerade tun, noch erledigt werden muss. Ich würde lieber in die Hügel hinaufgehen und Dinge zeichnen und die Tiere beobachten. Das macht Spaß.

Die Frau, die mir bei der Recherche half, sagte, dass die Familie Nogorigatu offensichtlich wohlhabend war. Die Kinder aus der Unterschicht jener Zeit (Ende 1800) durften sich nicht über ihren Status erheben und besuchten keine Schule, es sei denn, sie wurden von den Mönchen unterrichtet. Da jedes Kind in dieser Schule einen eigenen Tisch hatte, deutete dies darauf hin, dass es sich um eine Privatschule handelte und seine Familie Schulgeld bezahlte. Folglich hatten sie ein überdurchschnittliches Einkommen. Die Schüler schrieben mit Pinsel und Tinte und die Bücher waren meist auf Schriftrollen. Die Zettel waren wahrscheinlich ähnlich wie Altpapier. Die Kinder hatten keine bestimmte Anzahl von Stunden, an denen sie tagsüber teilnehmen mussten, wie wir es in unserem Land gewohnt sind. Sie blieben, bis die Lektion absolviert war, egal wie lange das dauerte. Mädchen durften in diesen frühen Tagen nicht teilnehmen.

D: *Bist du bereits ein Lehrling?*
K: Ich lerne ein wenig mit meinem Vater. Obwohl er sagt, dass er sich bei meinen ungeschickten Händen fragt, ob ich überhaupt etwas lerne. *(Ich lachte.)* Aber ich lerne über die Formen und wie man mit dem Rad umgeht. Und über verschiedene Arten von Lehm. Ich stelle verschiedene Arten von Töpfen für verschiedene Dinge her und das ist sehr interessant.
D: *Glaubst du, du wirst den Beruf des Töpfers mögen?*
K: Ähm, wahrscheinlich schon. Ich stelle gerne Dinge mit meinen Händen her.
D: *Du erwähntest, dass du auch Mathematik lernst?*
K: Etwas. Wir müssen vielleicht Dinge wie die Buchhaltung machen, weil einige von uns in der Zukunft mit Finanzen arbeiten müssen. Sie lehren uns also, wie man die Dinge ausgleicht und wie man addiert und subtrahiert. Manchmal benutzen wir Papier, manchmal den Abakus. Das hängt davon ab, was man tun will.
D: *Was lehren sie dich sonst noch in der Schule?*
K: Was möchtest du wissen? Wir lernen Dinge über Nippon und die Geschichte, die wir hatten. Und sie lehren über ... die Mythen, wie ihr sie wohl nennt, von unseren Anfängen. Einfach verschiedene Geschichten und Dinge. *(Das klang interessant und ich bat ihn, es zu erklären.)* Nun, es sind Legenden über die Art und Weise, wie Japan entstanden ist, und dass es Perlen waren, die ins Meer geworfen wurden und dass aus ihnen die Inseln entsprangen. Es gab einen ... ähm, einen Gott und eine Göttin, die diese Gegend so sehr mochten, dass sie beschlossen, ein Paradies zu schaffen, und das ist es, was sie geformt haben. Das ist eine der verschiedenen Legenden.
D: *Gibt es noch weitere?*

K: (Lachte) Es gibt viele Legenden. Es gibt so viele Legenden, wie es wahrscheinlich Mönche in Japan gibt. Das macht Spaß, ja. *(Ich ermutigte ihn, mir mehr zu erzählen, da ich diese Geschichten noch nicht gehört hatte.)* Sie haben alle möglichen verschiedenen Dinge über ... wie das ... ähm, ich kann mich nicht an das Jahr erinnern ... Wie auch immer, Japan wurde von einem Orkan bedroht und die Kaiserin betete zu Kwannon (der Göttin der Barmherzigkeit) und sie rettete Japan vor der Zerstörung. Es gibt viele Geschichten.

D: *Ist das ein Bestandteil der Geschichte, die ihr lernen müsst?*

K: Geschichte und einfach Erzählungen und Legenden, ja.

Bei einer anderen Gelegenheit, bei welcher Nogorigatu als Kind auftauchte, war er dabei, sich im Wald zu verstecken und den Füchsen beim Spielen zuzuschauen. Er sagte, dass es Zeiten gab, in denen sein Vater ihm und seinen Brüdern einen Tag freigab, an dem sie tun konnten, was sie wollten, und er liebte es, in die Wälder zu gehen. Diese Naturverbundenheit sollte sein ganzes Leben lang fortwähren.

Kapitel 7

Die Japanische Hochzeit

WEIL KEINER VON UNS ETWAS über japanische Sitten und Gebräuche wusste, dachte ich, dass dies ein interessanter Weg sein würde, den es zu erkunden galt. Wenn sie eine für uns so fremdartige Kultur präzise beschreiben konnte, könnten wir nicht nur den Beweis antreten, dass das von ihr beschriebene Leben existierte, sondern auch, dass die Reinkarnation die am ehesten denkbare Erklärung ist. Dies wäre auch ein sicherer Weg, um Informationen zu gewinnen, ohne sich der fragwürdigen Kriegszeit zu nähern. Ich hielt Nogorigatus Hochzeitstag für höchst geeignet, da Hochzeiten in jeder Kultur voller lokaler Bräuche sind. Ich habe Katie nie im Voraus gesagt, worüber ich sie befragen würde. Manchmal wusste ich es sogar selbst nicht, weil ich nie wusste, auf was für eine Situation wir stoßen würden.

D: *Bist du schon lange verheiratet?*
K: Seit ich 14 Jahre alt bin. Wir werden zusammen alt.
D: *Kanntest du deine Frau bereits sehr lange vor der Heirat?*
K: Wir waren uns noch nie begegnet. Meine Eltern sahen sie und dachten, sie würde eine gute Ehefrau abgeben.

D: (Dies erschien mir sonderbar.) Wie dachtest du darüber?
K: Es war annehmbar.
D: Habt ihr in einer Kirche geheiratet?
K: Nein, es war eine Feierlichkeit im Freien und die Priester kamen und waren ganz in Rot.

Ich zählte Katie bis zum Tag der Hochzeit zurück und bat Nogorigatu, mir zu sagen, was gerade geschah. Das musste Ende des 18. Jahrhunderts gewesen sein.

K: Ich kleide mich mit dem zeremoniellen Kimono und mein Vater und meine Brüder helfen mir dabei. (Ein tiefer Atemzug) Ich habe Angst! Es ist merkwürdig ... zu wissen, dass ich jemanden in unser Haus bringe, der ... dass ich diese Person nicht kenne. Ich weiß, dass sie gut ist, weil meine Eltern sie für mich ausgesucht haben, aber das ist ... neu.

Die Stimme war definitiv die einer jüngeren Person; sie besaß eine kindliche, beinahe unschuldige Qualität.

D: Wohnt sie in deiner Nähe?
K: Ja, sie lebt etwa eineinhalb Dörfer entfernt ... zwischen den beiden Dörfern.
D: Hast du sie je zuvor gesehen?
K: Nur einmal. Wir haben uns bei der Verlobungsfeier gesehen. Sie sah ordentlich aus, was soll man sagen?
D: (Ich lachte.) War dir erlaubt, mit ihr zu sprechen?
K: Ja, aber ich war zu schüchtern. Sie fühlte offensichtlich genauso. Sie sprach nicht.
D: Was wäre passiert, wenn du sie nicht gemocht hättest?
K: Ich würde meinen, dass mein Vater wahrscheinlich ... ich weiß nicht, er hätte sagen können, dass wir es absagen könnten, aber wie ich Vater kenne ... eher nicht.

Offenbar kamen die jungen Leute von damals nicht einmal auf die Idee, gegen die Wünsche ihrer Eltern anzugehen.

D: *Wie alt bist du jetzt?*
K: Vierzehn.
D: *Und wie alt ist sie?*
K: Sie ist etwa zwölfeinhalb Jahre alt, glaube ich, vielleicht.
D: *Wo werdet ihr wohnen?*
K: Bei meinen Eltern.
D: *Was für eine Arbeit machst du?*
K: Ich gehe bei meinem Vater in die Lehre. Er ist ein Töpfer.
D: *Hältst du das für eine schwere Arbeit?*
K: Was ist Arbeit, wenn es einem Spaß macht? Es ist keine Arbeit.
D: *Ist es das, was du aus deinem Leben machen willst?*
K: Es ist ein gutes Leben. Er sagt, dass ich vielversprechend sei und dass ich ein gutes Auge und eine ruhige Hand habe.
D: *Verdient dein Vater damit einen guten Lebensunterhalt?*
K: Er verdient ein respektables Auskommen. Er hat das Land und er hat verschiedene □ wie nennt ihr das □ Pachteinnahmen durch die Menschen, die es bearbeiten.

Als ich ihm zum ersten Mal als einem Erwachsenen begegnete, sagte er, dass es ihm Spaß mache, die kleinen Figuren herzustellen und sie mit seinen Töpfen zu verkaufen. Er sagte, sie seien mehr zu seinem eigenen Vergnügen als zum Profit. Ich fragte mich, ob er sie als Kind während seiner Lehrzeit gemacht hatte.

D: *Machst du diese kleinen Figuren?*
K: Zicooti? (Phonetisch.) Manchmal. Aber mein Vater weiß nichts davon. Ich verstecke sie. Sie sind nicht das, was er als ein wertvolles Nutzen der eigenen Zeit betrachten

würde. Sie sind nur Spielzeug. Es sind überwiegend winzig kleine Tiere, wie Frösche und manchmal Blumen.
D: *Nun, ich sehe nichts Falsches daran. Ich denke, wenn es dir Spaß macht, solltest du es tun.*
K: Aber sie sind zu nichts gut. Sie sind nicht brauchbar.
D: *Muss denn alles brauchbar sein?*
K: In den Augen meines Vaters ja.

Er sagte, er kleide sich für die Hochzeit, daher fragte ich, ob er eine besondere Art von Kleidung tragen müsse.

K: Es ist ein kompletter Kimono und Obi. Er ist aus Seide gefertigt. Er ist sehr fein. Die Seide des Kimonos ist in Blautönen mit einem schwarzen Obi und mit einer kleinen Pflaume im Muster. Auf dem Obi gibt es Muster mit fliegenden Vögeln.

Der Obi ist die lange, breite Schärpe, die auf dem Kimono um die Taille gewickelt und gebunden wird. Eines der wenigen Dinge, die ich über die japanischen Bräuche weiß, ist, dass die Art und Weise, wie der Obi gebunden wird, eine Bedeutung hat. Man kann mit einem Blick auf den Obi erkennen, ob eine Person verheiratet oder alleinstehend ist und viele andere Dinge.

D: *Wird der Obi für eine Hochzeit auf eine bestimmte Art gebunden?*
K: Ja. Er hat einen Doppelknoten und dieser ist sehr schwierig zu binden. (Er hatte Schwierigkeiten, die richtigen Worte zu finden.) Er hat keine sichtbaren Kanten. Er sitzt am Rücken und wird von meinen älteren Brüdern gebunden. Es ist nicht so, dass ich mich nach hinten drehen und ihn binden könnte.
D: *(Ich lachte.) Trägst du irgendetwas auf deinem Kopf?*

K: Eine Zeit lang trage ich eine schwarze Seidenmütze. Aber das nur, wenn ich gehe. Während ich drinnen bin, wird sie abgenommen.
D: *Was für Schuhe trägst du?*
K: Es sind Sandalen (er hatte Schwierigkeiten mit diesem Wort) mit Seidenriemen zwischen den Zehen. Und Plateau- ... was? ... Geta auf der Unterseite.

Das ist eine Schuhart, die draußen getragen wird, mit aufgebauten Plateaus, genannt „Geta", um zu verhindern, dass sich der Träger seine Füße schmutzig macht. Die flachen Slipper werden zumeist im Haus getragen.

D: *Sind sie auch etwas Besonderes?*
K: Nur insofern, als sie mit der Seide und der Farbe zu etwas Besonderem gemacht wurden. Sie passen zum Kimono.
D: *Mir erscheint es schwierig, auf solchen Schuhen zu laufen.*
K: Das ist es auch, aber man lernt es mit Übung.
D: *Wo werdet ihr die Hochzeit abhalten?*
K: Wir werden in einer Prozession zum Tempel gehen.
D: *Wird das Mädchen bereits dort sein?*
K: Ja, wir werden am Schrein zusammenkommen.

Ich brachte ihn weiter voran bis zu dem Zeitpunkt der Feier und fragte ihn, was gerade geschah.

K: Der Priester spricht über unsere Familien und unsere erhabenen Vorfahren und wie sie auf uns herab lächeln. Und er segnet uns beide, damit wir freudvoll und fruchtbar sind und viele gemeinsame glückliche Jahre haben. Und er wird uns mit dem Seidenfaden zusammenbinden. (Ich bat ihn, das zu erklären.) Es ist ein Faden, ein Ende ist um mein Handgelenk gewickelt, und dann wird das andere Ende um ihres gewickelt. Und er wird so gebunden, dass sie beide zusammengewickelt und verknotet werden, und dann wird er durchgeschnitten. Dies soll symbolisieren, dass unsere Seelen miteinander verbunden wurden und dass ein Teil von mir immer bei ihr und ein Teil von ihr immer bei mir ist. *(Ich fragte, wie der Priester gekleidet sei.)* Er trägt ein sehr steifes Seidengewand und es ist ... nicht ganz wie ein Kimono. Es ist ... ich weiß nicht, wie erklärt man das? ... etwas weitaus Größeres. Es ist beinahe orange, zwischen einem gelben und einem orangefarbenen Ton.

D: *Kleiden sie sich anders, wenn sie eine Hochzeit halten?*
K: Ja, sie haben verschiedene Gewänder für verschiedene Feierlichkeiten.
D: *Was tut der Priester, nachdem er den seidenen Faden durchtrennt hat?*
K: Er verteilt den Weihrauch und ... mal sehen ... sprenkelt das Wasser um uns herum und segnet uns. Und dann geht die Prozession los.
D: *Ist es keine sehr lange Zeremonie?*
K: Das kann es sein, je nachdem, wie viel er über unsere Vorfahren sprechen will und darüber, wie gut wir zusammenpassen.
D: *Seid ihr im Tempelinneren?*
K: Nein, wir sind unter dem Gewölbe. Es ist ein ... Torbogen, in welchen die Namen der Dorfahnen, wie ihr sie wohl nennen würdet, geschnitzt sind und der gesegnet ist. Er ist Teil des Tempels, aber nicht im Inneren des Schreins selbst. Er befindet sich außerhalb.

Es überraschte mich, dass sie draußen waren, aber ich fand heraus, dass sie überall heiraten konnten, wo sie wollten, solange der Priester nur anwesend war. Der Torbogen war wahrscheinlich der Torii, der quadratische Torbogen, der am Eingang zu einem Shinto-Tempel steht. Es ist durchaus möglich, dass die Namen der Dorfahnen darin eingraviert waren. Ich fragte, wie die Braut gekleidet war.

K: Sie hat einen Kirschblüten-Seidenkimono an und ihr Haar hat die zeremoniellen Knoten mit ... verschiedenen auf den Kopf gesetzten Dingen. Die Vögel und verschiedene Dinge, die mit dem Segnen des Paares für Fruchtbarkeit zu tun haben ... und andere Symbole. An ihrem Ohr trägt sie Ohrringe mit Symbolen, die „viel Glück" bedeuten.

D: *Welche Farbe hat ihr Obi?*

K: Er ist rosa.

D: *Rosa, mit einem Kirschblütenkimono. Ist ihr Obi auf eine bestimmte Weise geknotet?*

K: Ja, ihrer kommt ... seine Enden reichen bis hinunter und es ist schwer zu beschreiben. ... Er sitzt im Rücken und es ist ein sehr komplizierter Knoten.

D: *Ist ihr Gesicht bedeckt?*

K: Sie trägt weiße Schminke ... das ist Pan. Und dann einfach die Konturen der Augen und der Lippen.

Pan ist das japanische Wort für ein Mehl, das aus Reispulver hergestellt wird. Ist dies das, woraus die Schminke bestand oder sah es für ihn einfach nur wie Mehl aus? Ich war diesbezüglich schon immer neugierig gewesen. Ich habe Filme gesehen, in denen die Tänzer und Schauspieler diese reinweiße Schminke trugen.

K: Dies ist eine der Traditionen, die von den Vorfahren überliefert wurden. Eine Dame sollte hellhäutig sein. Wer weiß?

D: *Du meinst, das hat mit einer alten Geschichte zu tun?*

K: Ja.

D: *Findest du, dass die weiße Schminke merkwürdig aussieht?*

K: Ich finde, sie sieht sehr schön aus..

Ich fragte mich, ob sie eine Art Hut anhatte oder etwas, das ihr Gesicht bedeckte.

K: Nein, nicht jetzt.

Bedeutet diese Antwort, dass sie möglicherweise vor der Zeremonie einen anhatte und wieder abnahm, gerade so wie er sagte, er müsse seinen Seidenhut abnehmen?

D: *Glaubst du, dass sie glücklich über den Anlass ist?*
K: Wer kann das schon wissen bei Mädchen?
D: *(Ich lachte.) Hast du immer noch Angst?*
K: Nicht mehr so sehr... (Dann versuchte er, erwachsen zu klingen. Ich wusste anhand seiner Stimme, dass es nur eine Fassade war) Es gehört zum Mannsein. Ich denke, wir werden eine gute Ehe haben.
D: *Sind viele Menschen dort?*
K: Ja, meine ganze Familie und ihre. Alle, die uns vereint sehen sollen.
D: *Müssen deine Eltern den Priester bezahlen, damit er die Zeremonie durchführt? (Ja.) Ist das teuer?*
K: Ich weiß nicht, mein Vater kümmert sich um das Geld. Es ist so viel, wie die Familie sich leisten kann.
D: *Nun, gibt es nach der Prozession eine Feier oder etwas anderes?*
K: Ja. Wenn wir zum Haus zurückkehren, halten wir die Sake-Zeremonie, bei der sie wirklich eine japanische Ehefrau wird.

Sake ist ein japanischer Wein, der aus Reis hergestellt wird und bekanntlich einen sehr hohen Alkoholgehalt hat. Ich bat ihn, zur Feier weiterzugehen und mir zu erzählen, was geschah.

K: Ich nehme den Sake und gieße einen Schluck davon in den Becher, und ich trinke davon und überreiche ihn ihr. Dann trinkt sie ihn. Dann wird noch ein weiterer Becher eingeschenkt, und dasselbe geschieht. Und beim dritten gemeinsamen Becher wird sie meine Frau. Und bis dahin ist der Sake ... Wen interessiert das?!

Katie grinste breit. Es war klar, dass sie beim dritten Becher die Auswirkungen des Sake wirklich zu spüren bekamen.

D: *(Ich lachte.) Kommen alle Leute mit zum Haus zurück?*
K: Ja, wir sind alle glücklich und feiern. Es gibt Musik. Sie singen und es wird getanzt. Es spielen so etwa vier Leute. Einer spielt eine Harfe. Mein Cousin spielt die Koto. Jemand auf der Trommel, und es gibt eine Art Flöte. ... Wie nennt man das? (Er versuchte, die richtigen Worte zu finden.) Es ist lang und man bläst hinein. Es wickelt sich irgendwie herum. Es ist sehr merkwürdig; man nennt es ... es ist kein Fagott, aber es ist sehr ähnlich. *(Ich fragte, ob man wie in eine Flöte hineinblies.)* Nein, es ist ein gerader Schilfrohrtyp.

Recherchen nach Musikinstrumenten zeigten, dass die Instrumente richtig sind. Die Koto ist ein der Gitarre ähnliches Instrument, eine Laute mit 13 Saiten. Trommeln werden ebenso verwendet, genau wie die Biwa, ein der Harfe ähnliches Instrument, eine Lyra mit vier Saiten. Ich dachte, die Flöte könnte die Shakuhachi sein, aber das ist eine gerade Flöte. Ich konnte nichts finden, was der Beschreibung von Nogorigatu entsprach. Aber er sagte, dass sie seltsam aussehe, sodass es ein ungewöhnliches Instrument gewesen sein könnte.

D: *Gibt es etwas zu essen und zu trinken?*
K: Ja. Es gibt jede Menge Sake und Lebensmittel, die aufgespart wurden. Es gibt Honigkuchen und Reiskuchen, verschiedene derartige Dinge. Einige Sandwiches und Reisgerichte. Oh, Hochzeiten sind eine schöne Zeit.

Meine Forschungsquelle sagte, dass er mit „Dinge, die aufgespart wurden" meinte, dass sie vorzeitig gemacht und für die Hochzeit aufbewahrt wurden. Zuerst dachte ich, die Erwähnung von Sandwiches sei ein Fehler, da wir den Eindruck haben, dass dies ein rein amerikanischer Brauch sei. Aber die Japaner essen ebenfalls Sandwiches. Obwohl sie anders zubereitet werden und viel kleiner sind, werden sie in der Übersetzung doch Sandwiches genannt.

D: *Wie lange dauert die Feier?*
K: Normalerweise bis weit in die Nacht hinein. Dann sollen wir so tun, als würden wir uns verdrücken und erwischt werden und werden dann in unser Zimmer begleitet. Dann gehen alle.
D: *Wird lediglich diesen einen Tag gefeiert?*
K: Normalerweise ja. Wir sind nicht reich genug, um lange zu feiern. Manchmal feiern sie eine Woche lang, aber dann wird nicht viel Arbeit erledigt.
D: *Ich glaube, nach einer Woche wären alle wirklich glücklich.*
K: Ja, aber am Morgen danach, wenn sie aufhören, den Sake zu trinken, wären sie sehr unglücklich.
D: *Hast du zuvor schon viel Sake getrunken?*
K: Nicht viel. Manchmal bei Feierlichkeiten. Das ist kein Kindergetränk.
D: *Ich wette, bis sie dich aufs Zimmer bringen und sie alle gehen, spürst du wirklich den Sake, nicht wahr?*
K: (Katie lächelte.) Alles beginnt, sich sehr schnell zu drehen.
D: *(Ich lachte.) Ist das dein Schlafzimmer oder ein spezieller Raum?*
K: Es ist ein neuer Teil des Hauses. Es ist einfach ein Teil des Erwachsenenbereiches, der zu unseren Räumen umgebaut wurde. Mein vorheriges Zimmer war dort, wo diejenigen von uns wohnten, die keine Frauen hatten.
D: *Wie viele Menschen werden jetzt in eurem Haus wohnen?*

K: Wir haben meine Eltern und meinen Großvater, meine drei Brüder, ihre zwei Frauen und ihre Kinder.
D: *Wird das nicht ein ganz schön volles Haus sein?*
K: Ja, aber es ist groß genug; es wird für alle Platz bieten.
D: *Nun, das war ein glücklicher Tag, an dem viele aufregende Dinge passiert sind.*
K: Ja, das würde ich so sagen.

Als ich Katie nach dieser Hochzeit aufweckte, geschah etwas Sonderbares. Sie schien verwirrt zu sein, hielt ihren Kopf und sagte, ihr sei schwindelig. Sie sagte, sie fühle sich, als sei sie „zerschmettert", wie sie sagte. Ich dachte, es sei womöglich nur die normale Verwirrung, die man so oft beim Erwachen und der Neuorientierung erlebt. Es ist dem Erwachen aus einem tiefen Schlaf sehr ähnlich. Aber ich sagte scherzhaft: „Nun, du hast ja auch eine Menge Sake getrunken."

Sie lachte und bemerkte laut: „Genau! Genau! Ich habe das Gefühl, als hätte ich einen Kater!"

Trotz meiner Suggestionen für Wohlbefinden vor dem Erwachen brachte sie also einen hundert Jahre alten Kater hervor. Es war einer der Fälle, in welchem sich der Körper ebenfalls an das Leben erinnert, was gelegentlich vorkommt. Die körperlichen Empfindungen vergingen nach etwa fünf Minuten und wir alle amüsierten uns königlich. Dann erzählte ich ihr von Nogorigatus Erlebnissen während der japanischen Hochzeit.

Meine Informantin sagte, dass die Hochzeit sehr genau geschildert worden sei. Die Obis wurden korrekt gebunden und sogar die Kleidung hatte die richtige Farbe. Ich hätte gedacht, dass die Braut weiß trage. Ich habe Bilder von modernen japanischen Bräuten in weißen Kimonos gesehen, aber anscheinend ist dies ein Brauch, der durch die Verwestlichung beeinflusst wurde. Als Nogorigatu Ende des neunzehnten Jahrhunderts heiratete, wäre der Kirschblüten-Kimono absolut passend gewesen. Das Einzige, was ich nicht überprüfen konnte, war das Binden des Seidenfadens um die Handgelenke. Ich konnte nirgendwo eine Erwähnung dazu finden. Meine Informantin sagte, es klang sehr japanisch und konnte durchaus ein lokaler Brauch gewesen sein, der nur in der Gegend, in der er lebte, ausgeübt wurde. Es könnte auch ein alter Brauch sein, der nicht mehr praktiziert wird. Das Trinken der drei Schlucke Sake wird auch heute noch beobachtet. Dies gilt als der offizielle Abschluss der Hochzeit. Wenn das traditionelle Trinken beendet ist, gilt das Paar als verheiratet. Auch das Vortäuschen, wegzulaufen und auf ihre Zimmer zurückgebracht zu werden, wird noch immer so getan. Erstaunlich ist, dass die japanischen Worte, die sich eingeschlichen haben, ebenfalls akkurat waren.

Diese ganze Episode ist so akkurat; man kann unmöglich glauben, dass das Wissen durch irgendeine andere Methode hatte erlangt werden können, als dem tatsächlichen Wiedererleben einer echten Erinnerung. Katie war niemals außerhalb dieses Landes und hatte kein Interesse daran, über Dinge dieser Art zu lesen. Sie hatte es bei der begrenzten Menge an Geografie, die heute an unseren Schulen unterrichtet wird, nicht lernen können. Ich habe auf den Philippinen gelebt und habe einige japanische Freunde, aber ich wusste nichts von diesen Bräuchen. Das war mein Grund, diese Fragen zu stellen, um zu versuchen, etwas zu beweisen, über das keiner von uns Wissen hatte. Es war ziemlich aufregend, das alles bestätigt zu bekommen. Ich denke, die Wahrscheinlichkeit, dass all dies nicht durch Zufall oder durch Fantasie geschieht, ist enorm hoch.

Kapitel 8

Feiertage und Feste

ICH HATTE GANZ BEWUSST NICHTS ÜBER Japan gelesen, da ich die Informationen aus erster Hand von Katie erhalten wollte. Obwohl meine Neugierde mich umbrachte, hielt ich es für das Beste, zu warten, bis wir mit der Arbeit an diesem Leben fertig waren, damit ich nicht in der Lage sein würde, sie in irgendeiner Weise zu beeinflussen, auch nicht unbewusst durch ASW. Ich konnte die Gelegenheit nicht ungenutzt vorübergehen lassen, zu sehen, was sie mir über das japanische Volk und seine Bräuche erzählen konnte. Meine Fragen würden Dinge betreffen, die wir unmöglich ohne Recherchen wissen konnten. Zum Beispiel Feiertage und Feste, da keiner von uns irgendeine Kenntnis darüber hatte. Ich erzählte ihr im Vorfeld einer Sitzung nie, was ich erfragen würde. Ich führte sie in die 1930er Jahre zurück und begann mit meiner Befragung.

D: Habt ihr dort, wo du lebst, irgendwelche Feiertage oder Feste, die ihr feiert?
K: Sie haben die Feiertage der Götter, und dann haben wir die Geburtstage unserer Ahnen, die die Anderen feiern, die von den Shinto. Und dann gibt es natürlich den Geburtstag des Kaisers, den alle feiern.

D: *Magst du die Feiertage?*
K: Für mich sind sie ziemlich das Gleiche. Warum sollte irgendein bestimmter Tag besonders sein? Alle Tage sind etwas Besonderes und wir sollten sie als solches behandeln und nicht nur einen oder zwei Tage im Jahr dafür vorsehen, dass man feiert.
D: *Aber tut ihr an diesen Tagen Dinge, die anders sind?*
K: Manchmal. Manchmal machen wir uns zurecht und meine Söhne und ich und unsere Familien gehen in den Tempel und feiern mit ihnen. Und sie haben die Zeremonien, die interessant sind.
D: *Welches ist dein Lieblingsfeiertag?*
K: Es ist kein Feiertag, den ich am liebsten habe. Mein Favorit ist die Teezeremonie, die etwas ziemlich Besonderes ist. (Ich bat ihn, sie mir zu beschreiben.) Es ist etwas, das man innerhalb der Familie tut. Und man geht ins Teehaus und die Kanne ist voll mit heißem Wasser, und man hat die Schalen. Und man schenkt den Tee mit großer Feierlichkeit in die Schale. Und man benutzt das Holz und rührt ihn um. Und dann wird die Schale geschwenkt und der erste Tee wird der ältesten Person, die dort ist, angeboten. Und er wird mit großer Feierlichkeit getrunken. Das wird noch einmal durchlaufen, und zwar dreimal, bis alle von dem Tee bekommen haben. Es ist eine Zeremonie der Reinigung und bringt einfach große Freude.
D: *Wie oft wird dies getan?*
K: Oh, manchmal zweimal im Monat, manchmal öfter. Dann, wenn jemand die Zeit dafür hat und alle zusammen und willens sind, dies miteinander zu teilen.
D: *Eine gemeinsame Zeit also. Gibt es etwas zu essen oder nur den Tee?*
K: Nur den Tee. Später können wir essen, aber bei der Zeremonie es nur den Tee.
D: *Wo ist das Teehaus?*

K: Es ist ein besonderes Gebäude, welches sich hinter dem Haus befindet.
D: *Ist es ein sehr großes Gebäude?*
K: Nein, es ist recht klein.
D: *Tragt ihr spezielle Kleidung, während ihr dies tut?*
K: Einen der Kimonos für die Zeremonien.

Obwohl die Beschreibung der Teezeremonie vereinfacht ist, hat sie sich als völlig korrekt erwiesen.

D: *Dies ist dein Favorit. Müsst ihr an den anderen Feiertagen nach Hiroshima fahren, um sie wahrzunehmen?*
K: Manchmal gehen wir in den Tempel im Dorf. Und der andere Tempel ist der Tempel in den Bergen, zu dem man eine Pilgerfahrt machen kann. Er ist wunderschön.
D: *An welchen Feiertagen geht ihr in den Tempel?*
K: Meistens nur an den Feiertagen der Ahnen. An diesen gehen wir zu den Tempeln in den Bergen. Wir gehen nicht oft hin. Meistens sind es religiöse Feiertage, und ich habe immer noch sehr wenig für Priester übrig. Ich glaube, dass es ein höchstes Wesen gibt, aber wir müssen unseren eigenen Weg gehen.
D: *Warst du religiös, als du jünger warst?*
K: Ich wurde als Shinto aufgezogen.
D: *Warum hast du deine Meinung geändert?*
K: Es geschah, als die Einsicht kam, dass längst verstorbene Ahnen nicht unbedingt die Handlungen von heute beeinflussen können. Ich wurde später Buddhist, aber ich mag die karmischen Schicksalssysteme nicht. (Ich bat ihn, es zu erklären.) Zu sagen, dass der Mensch von seinem Karma regiert wird, das er sich zuvor zugezogen hat, als er ... Sie sagen, dass er sehr wenig freien Willen hat, und ich glaube, dass ein Mensch den freien Willen hat, das zu tun, was er will.

D: *Ist es das, was diese Religion lehrt? Dass der Mensch keinen freien Willen hat?*
K: Das ist es, was der Priester wünscht, dass wir lernen.
D: *Nun, es scheint, dass du einen eigenen Kopf hast und selbstständig denken willst.*
K: Wollen wir das nicht alle? Warum sollten wir jemand anderem erlauben, etwas zu tun, das große Herausforderungen bedeuten oder unser Leben völlig verändern könnte. Warum sollten wir zulassen, dass sie unser Leben beeinflussen? Das sollte unsere Entscheidung sein.
D: *Es gibt viele Menschen, die sich von anderen sagen lassen, was sie denken und was sie tun sollen.*
K: Das sind Menschen mit schwachem Willen und mit wenig Führung. ... Meine Eltern sind Shinto. Mit anderen Worten, sie folgen der Religion unserer Ahnen. Aber sie folgen auch in hohem Maße den Lehren Buddhas. Sie haben beide ihren jeweils eigenen Trost für die Menschen, die an sie glauben. Sie erfüllen ein Bedürfnis, das die meisten Menschen in ihrem Inneren spüren, und in diesem Sinne sind sie gut.
D: *Ist es in Ordnung, an beide Religionen zu glauben?*

Diese Idee ist uns fremd, denn in Amerika sind wir es gewöhnt, dass Menschen nur einer Religion angehören.

K: Nichts steht wirklich im Widerspruch zu keiner von beiden. Sie folgen zum großen Teil den gleichen Regeln.
D: *Bist du also ein Shinto?*
K: Vielleicht bin ich insofern eher ein Buddhist, als ich glaube, dass wir vieles von unserem eigenen Schicksal oder von unseren Problemen durch unsere eigenen Handlungen bestimmen. Ich glaube, dass es eine Kraft im Universum gibt, aber ich glaube nicht, dass der Mensch ihr jemals einen Namen gegeben hat. Er hat noch nicht

die Ebene des Begreifens erreicht, um der Kraft, die da ist, einen Namen geben zu können.

Ich hatte von der buddhistischen Religion gehört, aber nicht vom Shinto. Seitdem fand ich heraus, dass der Buddhismus Reinkarnation und Karma beinhaltet, während es beim Shinto darum geht, die Vorfahren zu ehren und ein Leben zu führen, das sie stolz machen würde. Dies ist natürlich eine vereinfachte Definition zweier komplexer Religionen. In Japan war die Shinto-Religion während der Zeit, die wir betrachteten, die offizielle Staatsreligion, und während des Zweiten Weltkriegs nahm die Religion patriotische Züge an, ganz so, wie die Verehrung ihres Kaisers. Es war für einen Japaner auch nicht ungewöhnlich, an beide Religionen zu glauben, da sie unterschiedliche Bedürfnisse (Patriotismus und persönliche Moral) ansprachen.

D: *Wurdest du in deiner Kindheit in Religion unterrichtet?*
K: Die Priester haben ihre Schreine und wir verbringen unsere Zeit als Kinder damit, mit ihnen zu reden und von ihnen zu lernen. Manchmal sind die Lehrer in den Schulen Priester. Und wenn wir dann religiöse Bräuche hatten, gingen wir hin, und wir lernten von unseren Eltern und den Priestern.
D: *Gibt es bestimmte Tage, an denen du in den Tempel gehst?*

Ich dachte natürlich an unseren Brauch des Sonntags als Tag des Gottesdienstes.

K: Es gibt bestimmte ... wie bei den Buddhisten gibt es jedes Jahr bestimmte Feiertage, an denen man teilnimmt, verschiedene Feste. Und im Shintoismus gibt es auch bestimmte Feste und Feiertage. Aber wir feiern auch die Geburtstage und Todestage der Großeltern von den

Großeltern unserer Großeltern. Und so wird es zu einer persönlichen Einhaltung persönliche Feiertage.

D: *In der christlichen Religion ist der Sonntag der Tag, den sie jede Woche einhalten. Habt ihr einen solchen Tag, an dem die Menschen regelmäßig in die Tempel gehen?*

K: Sagtest du Sonntag? ... ähm, es ist nicht Sonntag, es ist ... Samstag. Manchmal gehen wir dann, aber nicht immer regelmäßig. Es ist der Tag, an dem niemand die Felder bestellt oder eine Menge Arbeit erledigt. Der Priester ist immer da und feiert das ... Leben, seine Einhaltung der Religion, das geht von Tag zu Tag so weiter. Es ist wie bei den Katholiken, sie haben ihre ... Messe von Tag zu Tag, und so ist es.

D: *Ich verstehe. Dann gilt der Samstag als euer Ruhetag?*

K: Für gewöhnlich. In meinem Dorf und meinem Haus, ja.

Auch dies hat sich wieder als richtig erwiesen. Samstag ist der akzeptierte Ruhetag in Japan. Das ist der Tag, an dem die meisten Geschäfte geschlossen sind, anstatt Sonntag. Sie gehen nicht regelmäßig wöchentlich zu den Tempeln oder Schreinen, wie wir es in unserer Form des Kirchganges gewohnt sind.

D: *Dann gibt es eine Ähnlichkeit. Aber ihr werdet als Kind in beiden Religionen unterrichtet?*

K: Ja. Es ist etwas, womit man aufwächst, und die meisten Familien, die Shinto sind, haben einen Familienschrein im Haus, und die Einhaltung dessen wird uns von klein an gelehrt, ja.

D: *Dann musstet ihr nicht zum großen Schrein gehen?*

K: Nicht immer, nein. In den meisten Shinto-Häusern gibt es einen Altar, an dem man feiert. (Es klang ähnlich wie die persönlichen Schreine in einigen katholischen Häusern. Ich bat um eine Beschreibung). Er hat eine Schale für den Weihrauch und er hat einen flachen Altar. Und er hat die Schriftrollen sämtlicher Ahnen und der

Familien, in die sie eingeheiratet haben und weitere solche Dinge. Und es ist die gesamte Geschichte unserer Familie.

War das denn anders als bei den Menschen unserer Kultur, die diese Dinge in der Familienbibel festhalten? Ich fragte, ob eine Art Ritual vollzogen wurde.

K: Man zündet den Weihrauch an, betet und redet mit ihnen, und dann geht man auf das ein, was sie in ihrem Leben getan haben, und weitere solche Dinge, ja.
D: *Wird das sehr häufig getan?*
K: Nun ... für gewöhnlich gerade so oft, wie sich jemand daran erinnert, es zu tun. Vielleicht sind einige Familien religiöser als meine. Aber in den meisten ist es so.
D: *Dann ist es für viele eurer Leute nicht ungewöhnlich, beide Glaubensrichtungen zu haben, die buddhistische und die shintoistische?*
K: Das ist seit dem Aufkommen des Buddhismus üblich, denn er lehrt viele Dinge, die dazu beitragen, Shinto zu sein. Und ich habe gehört, dass es sogar einige wenige gibt, die der alten Religion folgen und Christen sind. Es geht nicht so leicht Hand in Hand.

Dies wird als Synkretismus bezeichnet, was bedeutet, verschiedene Glaubenssysteme miteinander zu versöhnen, sodass man in der Lage ist, beide Religionen zu praktizieren.

D: *Ich halte das für gut. Es gibt weniger Konflikte, wenn man von allen ein wenig haben kann.*

Ich war überrascht, als ich anfing, Nachforschungen über die japanische Lebensweise anzustellen, und feststellte, dass viele Menschen sowohl Buddhisten als auch Shinto in verschiedenen Mischformen sind. Normalerweise wird dies durch die Bezirke oder Gebiete des Landes, in denen sie leben, beeinflusst. Wenn jemand keine der beiden Religionen glauben oder praktizieren möchte, ist das nicht verpönt. Die Religion ist keine Voraussetzung, wie dies in einigen christlichen Ländern der Fall ist. Die Japaner sind sehr nachsichtig, wenn es darum geht, den Menschen zu erlauben, alles zu glauben oder nichts zu glauben, was sie sich wünschen, obwohl sie in der Vergangenheit härter gegen die christliche Religion vorgegangen sind und sie nicht so sehr als eine Religion, sondern als eine Möglichkeit der westlichen Bevölkerung gesehen haben, das Land auszubeuten.

Kapitel 9

Der Marktplatz in Hiroshima

WÄHREND EINER SITZUNG, in der ich Katie bis zum Jahr 1920 zählte, war Nogorigatu auf dem Markt in Hiroshima und verkaufte seine Töpfe. Ich bat ihn, mir eine Beschreibung des Marktplatzes zu geben.

K: Er findet unter freiem Himmel statt und die Leute bauen ihre Stände auf. Und alles, was sie verkaufen, wird dort ausgestellt, ob es nun Seidenstoffe oder Lebensmittel sind, viele Dinge. Und sie schreien. Es gibt eine Menge Lärm und Farben.
D: *Das klingt nach einem aufregenden Ort.*
K: Ja, es ist sehr unterhaltsam. Die Sonne scheint. Es ist ein sehr schöner Tag. Man kann sich mit vielen Menschen unterhalten und alte Freunde sehen. Es ist sehr gut.
D: *Welche Art von Töpfen verkaufst du?*
K: Viele. Sie sind aus Ton und haben unterschiedliche Formen. Ich habe sehr kleine Töpfe und große Töpfe und einige Krüge, verschiedene Arten. Alles, von alltäglicher Ware bis hin zu sehr ausgefallenen, dekorativen Töpfen mit Malereien darauf. Blumen und manchmal auch Tiere, solche Dinge.

Dies war das erste Mal, dass er Entwürfe erwähnte. Als ich ihm in den 1930er Jahren zum ersten Mal begegnet war, verzierte er lediglich mit getropften Farben.

D: *Wie viel verlangst du für deine Töpfe?*
K: Das ist von Topf zu Topf unterschiedlich. Anstatt sie für Geld zu verkaufen, tauschen die Leute die Dinge meist. Es hängt davon ab, wie viel sie sich leisten können oder davon, was sie wollen. Es gibt keinen festen Preis für irgendjemanden. Das Feilschen ist der ganze Spaß am Markt.
D: *Nun, wenn dir jemand Geld geben würde, für wie viel würde sich ein Topf verkaufen?*
K: Oh ... die kleineren vielleicht für einen Yen, vielleicht weniger. Die größeren ... ähm, das hängt von verschiedenen Dingen ab. Was ich in dem Moment für richtig halte. Wer weiß das schon?
D: *Was ist das Höchste, das du jemals für einen Topf erhalten hast?*
K: Ähm ... vielleicht 40, 50 Yen.
D: *Ist das ein guter Preis?*
K: Ja, nicht schlecht für einen Topf.
D: *Wenn sie etwas tauschen, was würde das sein?*
K: Manchmal tauschen die Leute Reis, vielleicht Fisch, verschiedene ähnliche Dinge. Manchmal Stoff, manchmal Bilder. Manchmal kommen die Künstler und brauchen Dinge, und sie tauschen ihre Bilder gegen Dinge, die ich habe. Wenn sie mir gefallen, behalte ich sie. Wenn nicht, tausche ich sie wiederum gegen etwas anderes ein oder verkaufe sie.

Ich war neugierig, ob er mir eine Beschreibung von Hiroshima geben konnte, einer Stadt, über die weder Katie noch ich etwas wussten und die durch die Zerstörung des Zweiten Weltkriegs definitiv verändert wurde.

D: *Ist Hiroshima eine große Stadt?*
K: Ziemlich groß. Sie hat viele Fabriken und viele Menschen, und es wird allmählich laut und überfüllt. Die Menschen haben den Fischfang und viele Schreine, viele Orte, an denen die Menschen ihre Religion ausüben. Es gibt die Parks. Für eine Stadt ist es nicht schlecht. Sie bleibt recht sauber. Es ist, ich weiß nicht ... ein lauter, fröhlicher Ort und die Menschen sind ebenfalls recht fröhlich.
D: *Würdest du gerne dort leben?*
K: Nein, ich mag die Einengung nicht. Ich mag es, im Freien zu sein und die Möglichkeit, in den Hügeln spazieren zu gehen und solche Dinge.
D: *Du sagtest, es gebe viele Schreine. Zu welcher Religion gehören sie?*
K: Zu verschiedenen. Es gibt Shinto-Schreine und es gibt die buddhistischen Schreine, und es gibt viele Schreine von den Christen. (Dieses Wort wurde seltsam ausgesprochen, als ob es ein fremdes Wort wäre.) Sie haben ihre Kirchen und Missionsstellen um die Stadt herum eingerichtet. Und es gibt sogar ein paar wenige Hindu-Schreine.
D: *Dann gibt es viele in der Stadt. Wo befindet sich der Marktplatz?*
K: Er liegt eher in Richtung des südlichen Teils der Stadt, nicht mitten in der Stadt. Er liegt zu den Eingängen hin, weißt du, wenn man in die Stadt hineingeht. Er ist nicht weit im Stadtinneren.
D: *Wenn du vom Eingang zur Stadt sprichst, was meinst du damit?*
K: Es gibt bestimmte Straßen, die in die Stadt hineinführen ... vier oder fünf, ich weiß es nicht. Ich bin noch nie durch die ganze Stadt gefahren. Und durch diese kommt man herein. Sie sind wie Hauptstraßen, die in die Stadt führen.
D: *Führt jene Straße direkt dorthin, wo der Markt ist?*

K: Sie zweigt ein paar Mal ab, aber im Grunde genommen ja.
D: *Gehst du in der Stadt noch woanders hin?*
K: Normalerweise nicht. Normalerweise gehe ich einfach zum Markt und hole die Dinge, die ich brauche, und gehe dann nach Hause. Manchmal bleiben wir ein paar Tage. Für gewöhnlich wohne ich bei meinen Verwandten. Ich habe einen Cousin, der in der Stadt wohnt, und er erlaubt mir, meine Matte in seinem Haus ausrollen zu lassen.

Da Hiroshima so groß war, wurde mir gesagt, dass es mehr als einen Marktplatz gegeben haben musste. Es habe viele über die ganze Stadt verstreut gegeben. Man konnte von den Menschen nicht erwarten, dass sie von der anderen Seite der Stadt kommen, um ihre Waren zu holen. Es habe viele kleinere Märkte über die ganze Stadt verteilt gegeben. Der Markt, den Nogorigatu so häufig besuchte, war wahrscheinlich ein großer gewerblicher Marktplatz, auf welchem Händler ihre Produkte besorgten und sie auf die kleineren Märkte brachten, um sie dort zu verkaufen.

D: *Ich glaube, du hast mir einmal gesagt, dass du normalerweise mit Ochsen auf den Markt kommst?*
K: Manchmal. Manchmal, wenn ich nicht komme, um etwas zu verkaufen, gehe ich zu Fuß. Andere Male kann man ... wenn jemand einen Lastwagen oder so etwas hat, mit dem er in die Stadt fährt, kann ich mit ihm mitfahren. Wenn ich zum Verkaufen komme, nehme ich normalerweise meinen Karren und meinen Ochsen mit.
D: *Dreißig Kilometer scheinen eine lange Strecke zu Fuß zu sein.*
K: Ja, aber es ist etwas, das aufregend und mal etwas anderes ist. Zu Fuß gehen tut gut. Man kann sich umschauen und die Umgebung genießen. Aber es ist nichts, das ich jeden Tag oder gar sehr oft tun möchte.

D: *Du erwähntest das Angeln. Liegt Hiroshima nahe am Wasser? (Ich hatte wirklich keine Ahnung, wo sich Hiroshima befand.)*
K: Es ist eine Stadt an einer Bucht, ja. Sie liegt eigentlich am Flussdelta. Es gibt viele Nebenarme von dem Fluss, welcher dort durchfließt. Es ist schwer, dem Wasser in Hiroshima zu entkommen. Sie haben Brücken. Es ist eine Stadt mit vielen Brücken.
D: *Verlaufen die Nebenarme durch Hiroshima?*
K: Überwiegend in Richtung des südlichen Teils der Stadt. Und dort haben sie die Fischfangbasis, wo sie ihre Hafenanlagen haben.
D: *Du sagtest, es gebe dort auch viele Fabriken*
K: Ja, importieren Dinge und sie verarbeiten beispielsweise Stahl. Und sie stellen Textilien und weitere solche Dinge her.
D: *Es ist wirklich eine industrialisierte Stadt. (Ja.) Aber du würdest lieber auf dem Land bleiben?*
K: Sehr. Ich bevorzuge meine Ruhe und meinen Frieden.

Zum Zeitpunkt seiner Heirat lebte Nogorigatu mit seiner Familie in einer anderen Gegend. Ich fragte mich, wann und warum er auf die Farm südlich von Hiroshima zog.

D: *Habt ihr immer schon dort draußen in eurem Haus auf dem Land gelebt?*
K: Nein, als ich jünger war, lebten wir vielleicht einen halben Tag, zwei Tage entfernt. Es war das Land meiner Eltern und vor ihnen das meiner Großeltern.
D: *Warum bist du dann weggezogen?*
K: Als ich älter wurde, wollte ich ein bisschen mehr von dem sehen, was es in der Gegend gab. Und ich fand diesen Ort und er schien sehr schön zu sein und ich beschloss, etwas Land zu kaufen.
D: *Hättest du nicht letztendlich etwas von dem Land deiner Eltern geerbt?*

K: Ja, und was ich hatte, verkaufte ich an meine Brüder, und sie teilten es auf, und von dem, was ich dafür bekam, kaufte ich mein Land.

D: *Hatten deine Eltern Einwände dagegen?*

K: Nein. Sie hielten es für sehr fair. Ich war nicht der Älteste, also war es nicht von Bedeutung, ob ich blieb oder nicht. Normalerweise tritt immer der älteste Sohn in die Fußstapfen des Vaters. Und ... ich weiß nicht, ich denke, er muss wohl das tun, was die Tradition von ihm erwartet.

D: *Die Jüngeren müssen das nicht tun?*

K: Nicht so sehr. Es gibt mehr Menschen, die aus den Familienhäusern wegziehen und in die Städte gehen und andere Dinge tun. Und es wird von ihnen nicht mehr so erwartet wie noch vor 20 Jahren.

D: *Du hast also dein Land an deine Brüder verkauft und dann das Land gekauft, auf dem du jetzt lebst. War es teuer?*

K: Nein, das war es nicht. Es waren nur ein paar Morgen groß und es stand kein Haus darauf. Und es gibt wirklich zu viele Abhänge, um wirklich gutes Ackerland zu sein. Aber es gab viel Holz darauf und ich konnte das Holz für meinen Brennofen verwenden. Und es hatte einen schönen Platz, auf dem ich bauen konnte.

D: *Wie viel hast du dafür bezahlt?*

K: Ich ... mal sehen; es war ... (eine Pause, als ob sie nachdenken würde, dann ein Lachen). Das ist viele Jahre her. Ähm ... irgendwo um den Preis von vielleicht vier oder fünf Ochsen und ein paar Ziegen. Ich kann mich nicht mehr erinnern. Es war ein Tauschgeschäft.

D: *Du hast kein Geld dafür bezahlt?*

K: Nein. So wie heute auch, wurden viele Dinge im Tauschgeschäft gehandelt, und es war einfacher so. Jemand hat etwas, das du brauchst oder willst, und anstatt sich um Geld und die Kosten zu sorgen, ist dies eine viel einfachere Art, die Dinge zu erledigen.

D: *Oh, ich dachte, wenn du deinen Anteil an dem Land für Geld an deine Brüder verkauftest, würdest du dieses Geld verwenden, um das Land zu kaufen, das du jetzt hast.*
K: Aber schau, ich ... es war nicht wirklich Geld, aber es waren Dinge von gleichem Wert, das ist es, was ich aus dem Geschäft herausbekommen habe. Denn die Brüder haben nicht das Geld, um mir meinen Anteil auszuzahlen, wie groß er auch immer ist, und so gaben sie mir etwas von ihrem Hab und Gut als Ausgleich für meinen Anteil.
D: *Ich verstehe, es wird alles mit Handel gemacht. Hast du dein Haus selbst gebaut?*
K: Ich heuerte ein paar Männer an, die mir halfen, aber dann hatte ich meinen eigenen Entwurf, und wir arbeiteten und bauten das Haus auf, ja. Es dauerte etwa zwei Monate.
D: *Wo hast du gewohnt, während es gebaut wurde?*
K: Bei ein paar Leuten in der Stadt. ... Es tat gut, an etwas arbeiten zu können und etwas zu zeigen, das sich weiterentwickelt.
D: *Du erzähltest mir zuvor, du habest zwei Söhne. Leben sie bei dir?*
K: Ja. Sie helfen mir bei der Arbeit, die ich tue. Bei der Töpferei und bei der Arbeit auf dem Land. Wir bauen hauptsächlich das an, was wir essen, und sie helfen dabei.

Ich fragte nach den Namen. Er sagte, der Name seiner Frau sei Demadosan. Der Name seines ältesten Sohnes war Karatisa (phonetisch), was, wie er sagte, „Freude meiner Freuden" bedeutete. Der jüngste Sohn hieß Nae (phonetisch). Ich hatte immer gehört, dass japanische Namen eine Bedeutung haben, also fragte ich, was sein eigener Name bedeute. Diesmal überraschte er mich, indem er mir einen anderen Namen als zuvor gab.

K: Also, welcher? Mein Familienname oder mein Name?

Ich wusste nicht, dass es zwei gab. Er hielt inne, als ob er an sie denken wolle. Bei Hypnose-Rückführungen scheint es oft so zu sein, dass der Proband versucht, ins Englische zu übersetzen, als ob sein Unterbewusstsein dies für ein Erfordernis halten würde.

D: *Du sagtest, einer sei ein Familienname?*
K: Der Name meiner Eltern, ja. Suragami. Was ihr als Nachname bezeichnen würdet. Nogorigatu ist mein ... was ihr einen Vornamen nennen würdet.
D: *Weißt du, was diese Namen bedeuten?*
K: Das wusste ich früher. Die Namen haben alle eine Bedeutung. Aber in einigen Fällen ist seit der Namensverleihung schon so viel Zeit vergangen, dass die Bedeutung nicht mehr in Erinnerung ist.
D: *Nennt man dich bei deinem Nachnamen, wie ihr es nennt?*
K: Wenn mich irgendjemand fremdes anspricht, nennt er mich Herr Suragami. Aber wenn jemand mein Freund ist, nennt er mich Nogorigatu.
D: Ich verstehe. Ein Fremder benutzt den Nachnamen und ein Freund den Vornamen.

Er hatte mir von unserem ersten Treffen an seinen Vornamen genannt. Anscheinend betrachtete er mich als seinen Freund.

Kapitel 10

Der Krieg Rückt Näher

WIR HATTEN ZWEIFELSFREI FESTGESTELLT, dass Katies wiedererwachte Erinnerungen korrekt waren. Sie hatte tatsächlich ein Leben als Mann in Japan gelebt. Es war noch immer nicht klar, wie es kam, dass er zum Zeitpunkt der Explosion in Hiroshima war. Sie war sich sicher, dass er dort durch die Bombe starb und nicht etwa durch den eventuellen radioaktiven Niederschlag auf seiner Farm 30 Kilometer südlich. Er reiste regelmäßig dorthin, um seine Waren auf dem Marktplatz zu verkaufen, und ich nahm an, dass dies sozusagen „das Opfer an den Ort des Verbrechens" setzte. Wahrscheinlich war er einfach zur falschen Zeit am falschen Ort.

Bei der Ergründung ihres Daseins in Japan hatte ich die Kriegsjahre sorgfältig vermieden und Katie nur in die „sicheren" Zeiten von Nogorigatus Kindheit, Ehe und bis in die 1930er Jahre zurückversetzt. Nach vielen Sitzungen dachte ich, wir seien endlich bereit, in die Kriegsjahre hineinzugehen, die mit dem japanischen Überraschungsangriff auf Pearl Harbor am 7. Dezember 1941 begannen. Ich wollte dabei dem tödlichen Jahr 1945 immer noch aus dem Weg gehen.

Ich zählte sie bis 1942 zurück. Sie sagte, es sei Frühling und sie seien auf dem Feld und beobachteten das Wasserrad. In einer früheren Sitzung hatte sie sich auf ein Schleusentor bezogen. Ich dachte, dies seien zwei Namen für dieselbe Sache, aber ich fand heraus, dass es zwei verschiedene Dinge sind, die zur Kontrolle des Wassers verwendet werden.

D: *Wofür verwendet ihr das Wasserrad?*
K: Es reguliert den Wasserfluss vom Bach in die Reisfelder hinein, und wir lassen das Wasser steigen. Wir haben die Gräben, die gegraben wurden, und indem wir es drehen, lässt es mehr oder weniger Wasser hinein. Wenn es etwa ein wenig über den Knöchel tief ist, wenn es alles bedeckt, dann ist das genug Wasser.
D: *Fügt ihr immer neues Wasser hinzu, wenn es verdunstet?*
K: Ja. Das unterdrückt die Dinge, die wir nicht dort wachsen lassen wollen. Nur Reis wächst auf einem Feld mit Wasser.
D: *Gibt es Wasser auf dem Feld, wenn ihr den Reis anpflanzt?*
K: Nein, man lässt es ablaufen. Man lässt den Boden eine Weile abtrocknen, dann furcht man ihn und dann pflanzt man an. Man lässt es eine Weile wachsen und flutet dann das Feld. Das macht es einfach leichter, man muss kein Unkraut ziehen oder so etwas.
D: *Müsst ihr auf das Feld gehen, wenn der Reis wächst?*
K: Ja. Um alles zu kontrollieren und sicherzustellen, dass nichts vorbeikommt und die Pflanzen frisst. Es kommen Tiere vorbei und so etwas. Und um zu sehen, wie alles wächst. Außerdem muss man die Pflanzen düngen. Das Wasser wäscht eine Menge davon weg.
D: *Was nehmt ihr als Dünger?*
K: Normalerweise Tierdung.

D: *Was tut man, wenn man bereit ist, den Reis zu ernten?*
K: Dann legt man den Reis trocken, erntet ihn, trocknet ihn, enthülst ihn und lagert ihn ein.
D: *Ist es schwer, ihn zu enthülsen?*
K: Wir benutzen Gabeln, werfen ihn hoch und dann bläst es die Hülsen fort.

Das ist offenbar die Hülse oder die Spreu. Ich dachte, es gab vielleicht eine Art Maschine, die das tat.

D: *Das klingt nach schwerer Arbeit?*
K: Ja, aber es ist gut.

Ich glaube, nur jemand, der tatsächlich Reis angebaut und geerntet hat, würde es auf diese Weise erklären. Nogorigatu sprach aus Erfahrung. Er sagte, seine Söhne seien bei ihm, um ihm zu helfen, die Felder zu fluten.

K: Mein Sohn Nummer eins, er ist ... (Katie lächelte strahlend). Er wird „mein Schmerz" genannt. (Ich lachte.) Er ist derjenige, der immer mit mir streitet. Er sieht die Dinge auf eine moderne Art und Weise. Er sagt immer, wir sollen es auf seine Weise tun, weil es besser ist. Und, dass die alten Wege falsch seien. Er sagt, ich sei ein alter Mann und kenne meinen eigenen Verstand nicht mehr.

Offenbar haben Kinder schon immer gegen die Wünsche und Bräuche ihrer Eltern rebelliert, ganz gleich, wo und in welcher Zeitspanne sie lebten. Ich fragte ihn, wie er die Äußerungen seines Sohnes empfinde.

K: Ich weiß, dass ich mich selbst kenne, und ich weiß, das ist nun mal die Art der jungen Leute.
D: *Was ist mit deinem jüngeren Sohn? Streitet er sich auch mit dir?*

K: Nein, er ist ruhig. Er ist ein Zuhörer. Er lehnt sich zurück und hört und schaut zu.
D: *Dann hast du also nicht viele Probleme mit ihm. Wie will dein älterer Sohn die Dinge ändern?*
K: Er hält das Leben auf dem Land für altmodisch und möchte nach Hiroshima ziehen. Er denkt, dass unsere Art und Weise, uns nur um uns selbst zu kümmern, falsch sei. Und dass wir nicht ignorieren sollten, was um uns herum passiert.
D: *Wie denkst du darüber?*
K: Wenn er gehen muss, wird er gehen, aber ich werde bleiben. Ich mag die Stadt nicht. Alle bewegen sich zu schnell. Sie vergessen, sich um andere zu kümmern.
D: *Gehst du noch immer nach Hiroshima auf den Markt?*
K: Immer seltener.
D: *Betreibst du immer noch deine Töpferei?*
K: Ja, und ich verkaufe hier und da. Ich komme zurecht.
D: *Brauchst du das Geld?*
K: Nein, ich bin gut dran. Ich bin zufrieden.
D: *Dann musst du also nicht nach Hiroshima gehen, es sei denn, du willst es.*
K: Immer seltener. Es gibt zu viele andere Dinge. Jeder ist eingebunden in ... all das, was vor sich geht.

Ich vermied absichtlich jegliche Erwähnung des Krieges, der im Winter begonnen hatte. Ich wollte, dass er mir die Geschichte aus seiner eigenen Perspektive erzählt.

D: *Was meinst du damit?*
K: (Seufzen) Sie reden immer davon, dass wir dazu bestimmt seien, eine große Nation zu sein und dass wir dies beweisen müssten. Es haben, äh ... in letzter Zeit große Veränderungen in der Regierung stattgefunden. Es gibt zwei Fraktionen. Die eine Seite ist der Meinung, dass wir sehr, sehr stark werden sollten. Und die andere Seite ist wie ich der Meinung, dass wir einfach so

weitermachen sollten, wie bisher, indem wir uns zurückhalten und einfach unser Leben leben. Aber die andere Seite gewinnt an Kraft. Sie haben viele einflussreiche Leute. Und, ich weiß nicht, es klingt für mich ein bisschen verrückt. Ich war glücklich, so wie wir zuvor waren.

D: *Hast du je von den Vereinigten Staaten gehört?*
K: Ja. Das ist weit entfernt. Ich weiß, dass es hier viele gibt, die sie nicht mögen, aber sie sind weit weg.
D: *Glaubst du, dass es jemals Probleme zwischen den beiden Ländern geben wird?*
K: Wer weiß? Heiße Gemüter können sich abkühlen oder erhitzen. Nichts ist sicher.

Es war nun offensichtlich, dass Nogorigatu keine Ahnung hatte, dass sich sein Land im Krieg befand. Bei unseren modernen Massennachrichtennetzen, die uns ständig mit den Angelegenheiten der Welt bombardieren, mag dies schwer zu verstehen sein. Aber es könnte möglich sein, wenn er den Winter über auf seinem Bauernhof isoliert und einige Monate lang nicht in Hiroshima oder dem nächsten Dorf gewesen wäre. In ihrem normalen Wachzustand wusste Katie, wann der Krieg begann. Sie unterdrückte also Wissen, das ihrem Wachbewusstsein ohne weiteres verfügbar war. Dies war ein Beweis für ihre vollständige Identifizierung mit der anderen Persönlichkeit.

D: *Weißt du, was ein Radio ist?*
K: Ja, es gibt eines in der Stadt.
D: *Bekommt ihr dort, wo ihr lebt, irgendwelche Nachrichten aus der Welt?*
K: Einige. Nicht viele. Ich neige meistens dazu, sie zu ignorieren. Ich lebe mein Leben. Warum sollte ich mir Sorgen um die Welt machen? Sie macht sich doch auch keine Sorgen um mich.

D: *(Ich musste lachen.) Das ist wahr. Du machst dir also nur Sorgen um dein Leben auf deiner Farm. Wie denkt deine Frau darüber, dass dein Sohn Nummer eins in die Stadt ziehen und die Dinge verändern will?*
K: Wer weiß? Sie sagt sehr wenig. Sie hört nur zu und lächelt viel.
D: *Sie äußert also nicht ihre Meinung. Haben deine Söhne Familie?*
K: Der Älteste ja. Der Jüngste hat keine Kinder.
D: *Was sagen ihre Frauen über den Wegzug?*
K: Es geziemt die Ehefrau, nichts zu sagen. Sie schließt sich einfach ihrem Mann an. Sie sind gute Mädchen.
D: *Es scheint, als hätten Frauen keine Meinung. Trifft der Mann die Entscheidungen im Haus?*
K: Es liegt in der Natur des Mannes, dominant zu sein.
D: *Aber du glaubst, es gebe keinen Grund, den Hof zu verlassen?*
K: Nicht, was mich betrifft. Mein Sohn sagt, dies sei nur, weil ich alt und verrückt werde. Mit dem Alter kommt Weisheit, nicht zwangsläufig Senilität.
D: *Ist dein Sohn sehr alt?*
K: Nein. Er ist 39.
D: *Aber er glaubt, mehr zu wissen als du. Wenn er nach Hiroshima zöge, womit würde er seinen Lebensunterhalt verdienen?*
K: Er würde wahrscheinlich in einer der Fabriken arbeiten.
D: *Hat er irgendeine Ausbildung für diese Art von Dingen?*
K: Nur als mein Lehrling und was er auf dem Feld getan hat. gibt viele von denen, die bereit sind, sie auszubilden. Das ist es, was er mir sagt. Sie brauchen Arbeiter.
D: *Welche Art Beruf würden sie lernen?*
K: Meistens arbeiten sie, indem sie Dinge zusammensetzen. Ich bin mir nicht sicher.
D: *Ist es das, was sie in den Fabriken tun?*
K: Wer weiß? Es kommt eine Menge schmutzige Luft heraus.

D: *(Ich lachte.) Warst du jemals in einer von ihnen drin?*
K: Nein. Ich habe nicht den Wunsch dazu.
D: *Dein Sohn etwa? Er scheint, darüber Wissen zu haben.*
K: Er sagt nein, aber manchmal zweifle ich daran.
D: *Das wäre ein sehr andersartiges Leben, nicht wahr?*
K: Klingt für mich wie ein verrücktes Leben. Wenn der Mensch erst einmal vom Land weg ist, erschafft er sich selbst alle möglichen Schwierigkeiten. Man könnte meinen, dass er sich nach der Freiheit der frischen Luft sehnt und danach, den Himmel über seinem Kopf sehen zu können, wenn er arbeitet.
D: *Vielleicht haben sie ihm eine Menge Geld versprochen.*
K: Und dafür sollte er seine Seele verkaufen?

Es klang wie derselbe althergebrachte Streit, der immer noch zwischen Eltern und Kindern geführt wird, wenn jene versuchen, sich gegen die festgelegten Muster ihres Lebens aufzulehnen.

D: *Darüber streitet ihr also. Aber wie du bereits sagtest, wird er wahrscheinlich sowieso tun, was er will.*
K: Zweifellos.
D: *Was ist mit deinen Enkelkindern?*

Katie lächelte bei jeder Erwähnung der Enkelkinder. Es war offensichtlich, dass Nogorigatu eine tiefe Zuneigung zu ihnen hatte.

K: Sie wären wie Tiere im Käfig. Kinder sollten frei aufwachsen, nicht in kleinen rechteckigen Räumen. Sie brauchen Sonnenschein und frische Luft.
D: *Gehen sie zur Schule?*
K: Ja, im Dorf. Sie bringen ihnen allen das Lesen und Schreiben bei.
D: *Was für eine Art Schule ist das? Eine kirchliche Schule oder ...*

K: (Unterbrach) Nein, es ist eine staatliche.

Es stimmt, dass das Schulwesen zu dieser Zeit von der Regierung kontrolliert wurde. Dies ermöglichte es, dass jeder unterrichtet werden konnte, anstatt nur wenige Privilegierte.

Die Familie machte sich nicht bewusst, dass ihr Land in einen Krieg gegen einen mächtigen Feind gestürzt wurde. Sie waren in ihre eigenen persönlichen Probleme verwickelt, und er hütete seine Privatsphäre wie seinen Augapfel. Natürlich haben wir auch keine Ahnung, wie viele Informationen die japanische Regierung dem japanischen Volk mitgeteilt hat.

Während einer weiteren Sitzung, in der er zum Frühling 1943 zurückversetzt wurde, saß Nogorigatu zwischen den Bäumen in den Bergen hinter seinen Feldern. Dies war oft ein Ort gewesen, an den er sich zurückzog, wenn er das Bedürfnis verspürte, allein zu sein und über sein Leben nachzusinnen. Dies tat er, seit er ein Kind war. In einer solchen Umgebung liebte er es, einfach nur still zu sein und die Tiere und Vögel zu beobachten. Ich fragte ihn, was zu dieser Zeit in seinem Land vor sich ging.

K: Es gibt große Unruhen und soziale Probleme. Es gibt ... äh ... große Gruppen ... wo sie die Männer wegbringen und sie darin trainieren, mit Waffen umzugehen oder Krieg mit Waffen zu führen.
D: *Warum tun sie das?*
K: Sie sagen, dass unser Japan eines der großen Länder der Welt sein werde. Dass alle zu uns aufschauen und uns respektieren werden, wenn wir ihnen unsere Stärke zeigen. Wer weiß? Ich habe nicht den Wunsch, zu kämpfen. Ich denke, wir sollten uns zurückhalten. Wir haben noch nie zuvor jemanden außer uns selbst gebraucht. Warum sollten wir uns jetzt um sie scheren? Es geht uns gut. Wir sollten uns nur um unsere eigenen

Angelegenheiten, unser eigenes Land und unsere eigenen Familien kümmern.

D: *Sind deine Söhne dort bei dir?*

K: Manchmal. Mein ältester Sohn ist ... manchmal ist er hier, manchmal geht er in die Stadt und arbeitet.

D: *Was tut er dort?*

K: Er arbeitet in einer bestimmten Fabrik. Er will uns nicht sagen, was er dort macht. Er kann oder will nicht, ich weiß nicht, was. Er spricht überhaupt nicht darüber. Er mag das Geld, das er dafür bekommt. Er scheint zu denken, dass das wichtig sei. Ich frage nie danach. Es geht mich nichts an. Ich habe mein Land, meine Arbeit.

D: *Hat er jemals gesagt, was er bei seiner Arbeit dort machte?*

K: Ich weiß es nicht. Es war ein Teil für ... ich glaube, einen Geländewagen oder so etwas. Ich bin mir nicht sicher.

D: *Arbeitete er lange dort?*

K: Sechs, sieben Monate, vielleicht etwas länger. Ich weiß es nicht.

D: *Was ist mit seiner Familie?*

K: Im Moment wohnen sie bei mir und meiner Familie, aber er möchte, dass sie zu ihm in die Stadt ziehen. Er sagt, dass er bald den größten Teil seiner Zeit dort verbringen wird. (Seufzer) Mir gefällt es nicht, aber es ist sein Leben, und ich kann es nicht für ihn leben. Das ist seine Entscheidung. Wenn ich sagte, dass ich will, dass er hier bleibt, dann würde er einfach hinausgehen und das genaue Gegenteil tun, nur weil ich gesagt habe, dass ich das wünsche. Er ist dickköpfig. Ein junger Vogel muss seine Flügel ausprobieren, bevor er sich niederlässt.

D: *Wie viele Enkelkinder hast du?*

K: Jetzt habe ich drei. Sie sind mir sehr lieb. Ich liebe sie sehr.

D: *Was ist mit deinem jüngeren Sohn?*

K: Er hat keine, noch nicht, nein. Er kümmert sich um das Land. Es ist gut.

D: *Die Enkelkinder sind wie Belohnungen.*

K: Oh, manchmal. Manchmal sind sie eine Prüfung. Die Wachstumsphase ist sehr wichtig. Man muss den Kindern die Werte beibringen und sie lehren, das zu begehren, was im Leben wichtig ist.

D: *Ja, ich stimme zu. Arbeitest du immer noch an deiner Töpferware?*

K: Ein wenig verbringe ich meine Zeit mit der Arbeit auf den Feldern oder ich versuche, Dinge zusammenzubringen oder einige Dinge wegzuräumen.

D: *Für den Winter?*

K: Für was auch immer kommen mag.

D: *Gehst du je wieder nach Hiroshima, um deine Töpferware zu verkaufen?*

Ich versuchte nach wie vor zu verstehen, wie er zum Zeitpunkt des Bombenabwurfs dorthin kam.

K: Manchmal, aber nicht oft. Die Dinge sind sehr, sehr angespannt. Die Menschen streiten sich über die Probleme, die sie haben. Manche Menschen sind mit dem, was vor sich geht, einverstanden, und andere nicht. Und diejenigen, die an der Macht sind, versuchen, alle dazu zu bringen, ihrem Standpunkt zu folgen. Und ich glaube einfach nicht, dass es die Mühe wert ist, zu viel zu streiten. Ich ziehe meinen Frieden vor. ... Sie sagen, wir müssen vorwärtsgehen. Man könne die Uhr nicht aufhalten. Aber ich glaube nicht, dass Streit ein Weg des Vorwärtsgehens ist. Ich denke, es ist ein Weg des Zurückfallens. Das ist nur meine bescheidene Meinung. Jeder hat das Recht auf seinen eigenen Standpunkt. ... Die Kriege in Japan haben es zu einem geteilten Land gemacht, und wir haben nicht viel aus ihnen, aus der Vergangenheit gelernt. Wir achten nicht genug darauf, was innerer Unfriede und Spannungen mit anderen Menschen verursacht haben.

D: *Hat dein Land schon zuvor Kriege erlebt?*

K: Manchmal scheint es, als befänden wir uns ständig im Krieg. Entweder mit uns selbst oder mit anderen um uns herum ... mit Menschen, die unser Land und unsere Insel wollen. Manchmal denke ich, dass es so etwas wie Frieden nicht gibt. Es ist alles eine Illusion. Es gibt immer Inseln des Friedens. Der Mann und seine Familie, dort gibt es Frieden, aber die mächtigeren Menschen wollten schon immer noch mehr Macht, und deshalb gab es immer Sturm und Unfrieden. Wenn du dir unsere Geschichte anschaust, wirst du sehen, dass es eine Geschichte der Gewalt ist.

D: *Andere Länder wollten schon immer die Macht übernehmen?*

K: Nicht nur andere Länder, sondern auch die Menschen, die eine geringe Macht haben, wollen mehr Macht. Der Wunsch nach Macht erzeugt mehr Machtstreben. Je mehr man hat, desto mehr will man.

D: *Hat dieses Problem dich bereits einmal in Mitleidenschaft gezogen?*

K: Ich habe es nicht zugelassen. Ich schließe meine Augen vor Dingen, was ich vielleicht nicht sollte, und vielleicht ist es falsch. Aber ich lebe meine Existenz so, wie ich es will. Ich habe kein Verlangen nach Unfrieden, deshalb neige ich dazu, meinen Kopf in die andere Richtung zu drehen. Was nicht wirklich gut ist, denn egal, wie sehr wir wünschen oder wie sehr wir wollen, dass es verschwindet, es ist immer da, um sich an uns heranzuschleichen.

Ohne es direkt zu erwähnen, schien er daraus zu schließen, dass sich das Land im Krieg befand. Indem er es nicht anerkannte, versuchte er, ein Isolationist zu sein. Indem er so tat, als gäbe es die Probleme nicht, würde es ihn vielleicht nicht stören. Wie er einmal gesagt hatte: „Ich lasse die Welt in Ruhe, und die Welt lässt mich in Ruhe." Aber er war im Begriff, zu erkennen, dass sie ihn nicht in Ruhe lassen würde.

Seine Welt, die Welt, wie er sie kannte, stand kurz davor, über ihm zusammenzubrechen.hne es direkt zu erwähnen, schien er daraus zu schließen, dass sich das Land im Krieg befindet. Indem er es nicht anerkannte, versuchte er, ein Isolationist zu sein. Indem er so tat, als gäbe es die Probleme nicht, würden sie ihn vielleicht nicht stören. Wie er einmal gesagt hatte: „Ich lasse die Welt in Ruhe, und die Welt lässt mich in Ruhe." Aber er war im Begriff, zu erkennen, dass sie ihn nicht in Ruhe lassen würde. Seine Welt, die Welt, wie er sie kannte, war gerade dabei, über ihm zusammenzubrechen.

Kapitel 11

Krieg Zieht über Friedliche Menschen

WÄHREND DER LETZTEN SITZUNG schien sich Nogorigatu bewusst zu sein, dass in dem Land etwas anderes vor sich ging, er war davon aber unberührt geblieben. Wenn Katies Bewusstsein diesen Bericht beeinflusst hätte, wäre sie nicht so vage gewesen. Wie ich, kannte sie einen Teil der Geschichte jener Kriegsjahre. Ich mag vielleicht mehr gewusst haben, da ich in jener Zeit aufgewachsen war, aber es war offensichtlich, dass sie auch nicht mein Unterbewusstsein anzapfte.

Ich vermutete, dass es nur eine Frage der Zeit sei, bis Nogorigatu aufhören müsse, ein passiver Isolationist zu sein, also versetzte ich ihn später in das Jahr 1943, wo ich ihn antraf, als er hinter seinem Haus in der Erde grub.

K: Wir schützen unsere Sachen. Viele Fremde und Soldaten kommen vorbei und nehmen sich, was sie wollen. Also verstecken wir Dinge.
D: *Eure Wertsachen?*
K: Ja, einen Teil des Schmucks, einige meiner Töpfe und Lebensmittel.

D: *Warum tun sie das?*
K: Weil sie an der Macht sind und weil sie Soldaten sind. Wenn sie hier durchkommen, nehmen sie alle Vorräte mit, von denen sie glauben, dass sie sie brauchen, und lassen uns nicht viel übrig.
D: *Wie fühlst du dich dabei?*
K: Sehr wütend. Sie nahmen unsere Ochsen und Ziegen und zerstörten die Felder. Es war eine Abkürzung. Sie marschierten direkt durch sie hindurch und lachten dann.
D: *Konntest du gar nichts dagegen unternehmen?*
K: Was konnte ich tun? Ich bin ein alter Mann und sie sind viele.
D: *Sind deine Söhne noch da?*
K: (Traurig) Nein. Sie sind weg ... weggebracht worden.
D: *Erkläre mir, was du damit meinst.*
K: Sie wurden zu Soldaten gemacht ... für die ruhmreiche Herrschaft Japans. (Er spuckte das letzte Wort beinahe aus.)
D: *Wann ist das passiert?*
K: Vor ein paar Monaten. Sie kamen und hielten die Lastwagen an und sagten, sie seien ... eingezogen worden. (Er war offensichtlich sehr verärgert.) Und ... sie nehmen sie in die Armeen auf. Und sie sagten, dass sie für die Sache unseres Landes kämpfen würden. So ein Unsinn. Wer weiß, wo sie hingehen. Irgendwo raus in den Pazifik?
D: *Wie dachten deine Söhne darüber?*
K: Sie wollten ihr Heim und ihre Familien nicht verlassen, aber es blieb ihnen keine Wahl.
D: *Hast du von ihnen gehört?*
K: Nein. Es ist ihnen nicht erlaubt, nach Hause zu schreiben oder solche Besuche zu machen.
D: *Als ich vorhin mit dir sprach, sagtest du, dein ältester Sohn wolle in Hiroshima leben und in der Fabrik arbeiten. Hat er das jemals getan?*

K: Eine Zeit lang, aber er erfuhr, dass nicht alles so einfach ist, wie sie sagen. Er wollte zurückkommen.

D: *Dann hattest du recht, als du ihn nicht gehen lassen wolltest.*

K: Ja ... aber das spielt jetzt keine Rolle mehr. Er kam für eine Weile auf den Hof zurück, und dann wurde er weggebracht.

D: *Warum sind die Soldaten dort? Was geht auf dem Land vor sich?*

K: Sie halten die sogenannten „Dissidenten" davon ab, sich gegen das aufzulehnen, was vor sich geht. Sie wollen allen zeigen, dass wir große Stärke haben. Und sie werden die Menschen dazu bringen, ihren Worten zu glauben, indem sie es ihnen einfach sagen.

D: *Du meinst, die Menschen in deinem Teil von Japan?*

K: Ja. Nicht jeder ist mit dem, was vor sich geht, einverstanden.

D: *Was geht denn vor sich?*

K: Wir befinden uns im Krieg. (Katies Stimme klang, als ob Nogorigatu Schmerzen hätte.)

D: *Oh? Gegen wen führt ihr denn Krieg?*

K: Wir führen Krieg gegen Russland ... und die Vereinigten Staaten. Sie haben gesagt, dass wir kämpfen ... ah, sie haben etwas gebildet, was sie eine ... Treuepflicht (das Wort war schwierig zu finden) zu Deutschland nennen-- wir kämpfen gegen sie. Ich bin mir nicht sicher. Es gibt Gerede. Ich weiß es nicht, ich höre nicht hin. (Seufzer) Es ist sehr deprimierend.

D: *Warum sind sie in den Krieg gezogen? Weißt du, was passiert ist?*

K: (Seufzer) Irgendein General wollte seine Überlegenheit über die Amerikaner zeigen und kam mit einem Plan auf. Und sie zerstörten eine amerikanische Basis im Pazifik. Und er sagt, dass dies bedeutet, dass wir den Krieg gewinnen werden, weil die Amerikaner einfach nicht mehr gut im Krieg sind und dass sie schwach sind. Und wir werden ihnen zeigen, dass wir stark sind. Es ist ein Krieg um Macht. Die Menschen, die zum Kaiser sprechen, haben ihn überzeugt, dass Japan eine Großmacht sein muss, und sie haben das Verlangen nach mehr Macht für mehr Menschen. Also kämpfen sie gegen andere, um diese Macht zu erlangen, die sie nötig haben.

D: *Was dachtest du, als du davon hörtest?*

K: (Seufzer) Ich denke an all den Tod und die Zerstörung. Es gibt keinen Grund, andere zu töten, nur um die Dinge zu erlangen, die man sich wünscht. Was kann es für einen gewinnen, wenn man andere tötet, um etwas für sich selbst zu erlangen? Welchen Genuss oder Nutzen kann man daraus ziehen? Kein Krieg ist gut. Niemand gewinnt jemals. (Er klang wieder sehr traurig.) Ich weine um Nippon. Sie ist gefallen, sie verliert ihre Majestät.

D: *Weißt du, ich habe Nippon immer als ein so sanftes, friedliches Land betrachtet. Es erscheint seltsam, dass sie so etwas tun konnten.*

K: Aber das Volk, es ist nicht friedlich. Wir haben immer Kriege gehabt. Niemand ist jemals glücklich, solange er nicht an der Macht ist, und das ist ihre Art, sich an der Macht zu zeigen□die Herrschaft über die, die schwächer sind als sie oder über die, die nicht mit dem übereinstimmen, was sie sagen.

D: *Aber Nippon ist ein kleines Land im Verhältnis zur gesamten Welt, glauben sie wirklich, dass sie so etwas tun können?*

K: Sie sind arrogant. Sie denken, dass sie sie sehr tief stürzen werden.

D: *Glaubst du, dass die Entscheidung, diese Dinge zu tun, vom General oder von höheren Menschen stammt?*

K: Nun, sie hatten eine Reihe von ... Räten, und diese entschieden, dass sie es nicht mögen, vom Rest der Welt herabgesetzt zu werden. Sie beschlossen, der Welt zu zeigen, dass sie in der Kriegsführung, in ihren

Fähigkeiten und ihrer allgemeinen Tapferkeit überlegen sind, denke ich.

D: *Es scheint eine seltsame Art zu sein, dies zu zeigen.*
K: Sie haben beschlossen, nicht ihr Gesicht zu verlieren. Jetzt, da sie diesen Weg eingeschlagen haben, müssen sie ihn weitergehen. Sie ... wenn es *hier* Probleme gibt, müssen sie jemand anderem die Schuld dafür geben. Und auf diese Weise nehmen sie die Schuld von sich selbst und projizieren sie woanders hin und sagen, dass es deren Schuld sei. Das gibt ihnen das Gefühl von: „Wir können die Menschen in dieser großen Sache vereinen und sie werden ihre eigenen Probleme vergessen." Das ist nicht gut.

Anscheinend funktionierte diese Strategie nicht sehr gut, wenn sie ihre Soldaten unter dem Volk stationieren mussten, um die Rebellion zu unterdrücken. Der Krieg muss bei den einfachen Leuten recht unbeliebt gewesen sein.

D: *Sie haben also das Gefühl, dass sie nicht aussteigen können. Hatten sie anfangs eine große Armee?*
K: Nicht sehr groß. Ähm, ich weiß nicht, wie viele. Sie stellen jetzt eine--keine Armee--eine Luftwaffe zusammen, in der sie (spöttisch lächelnd) ähm ... Menschen rekrutieren. (Er hielt anscheinend nicht viel von ihren Methoden.) Mit der sie auf Kamikaze-Missionen gehen, und man sagt, sie seien gesegnet. Ich glaube, sie sind ein bisschen verrückt, vielleicht ein bisschen mehr als verrückt.
D: *Die Art, wie du „rekrutieren" sagtest, glaubst du nicht, dass die Männer gehen wollten?*
K: Nein. Vieles davon ist ... sie nehmen junge Männer, die wirklich nicht viel Sinn im Leben sehen, und überzeugen sie, dass dies ein glorreiches Ziel ist. Und sie sind jung genug und dumm genug, um ihnen zu glauben. Das ist keine Wahl.

D: *Du sprachst von „Kamikaze"-Missionen. Was ist das?*
K: Das ist der Ort, an den sie gehen, und niemals zurückkehren--„göttlicher Wind". Was sie sagen, ist der Wille Gottes, aus diesem Grunde nennen sie es „göttlichen Wind".

Ich hatte diese Definition noch nie gehört, aber meine Nachforschungen in der Geschichte Japans ergaben, dass der Kublai Khan im Jahre 1281 als Vergeltung für die Enthauptung seiner Gesandten eine gewaltige Flottille gegen den Inselstaat vom Stapel ließ. Die Schiffe erlitten bei einem schweren Sturm Schiffbruch. Die Japaner nannten den Orkan, der sie rettete, „Kamikaze" (göttlicher Wind). Während des Krieges gaben sie den Selbstmord-Luftwaffengeschwadern den gleichen Namen. Ich kannte das Wort, aber nicht seine Definition.

D: *Du sagtest, sie kehren nie zurück. Weißt du, was geschieht, wenn sie auf jene Missionen gehen?*

Ich fragte mich, ob er wusste, dass dies Selbstmordmissionen waren, bei denen der Pilot sein Flugzeug vorsätzlich in die Schiffe stürzte.

K: Sie sterben.
D: *Man sollte meinen, dass sie das nicht tun wollen.*
K: Wer weiß, was sie sich in den Kopf gesetzt haben. Welche Hoffnungen auf das Paradies. Wie kann jemand etwas versprechen, das er selbst nie gesehen hat?

Dieses Konzept wird auch heute noch in Teilen der Welt angewandt. Einige militante muslimische Fraktionen lehren ihre Terroristen, dass der Tod für die „Sache" sie nach ihrem Tod augenblicklich ins Paradies bringen wird.

D: *Sind diese Dinge Teil der Religion eures Landes?*

K: Etwas. Aber sie haben sie verzerrt, so dass sie ihre eigene Methode der Ausführung annehmen.

D: *Mit anderen Worten, sie haben die religiösen Vorstellungen verdreht und diese jungen Männer dazu gebracht, diese Dinge zu glauben?*

K: Ja, und ihre Eltern auch. Ich habe die Mütter gesehen, wie sie mit den Gürteln ihrer Söhne umhergingen und um Gebete baten. Einfach alte Frauen, die das Gefühl haben, dass sie etwas Trost brauchen. Sie haben das Gefühl, dass ein Teil von ihnen mit ihrem Kind geht, und dass sie sich wieder besser fühlen müssten.

Ich fand heraus, dass es tatsächlich etwas gibt, das man einen Gebetsgürtel oder Gürtel mit „tausend Stichen" nennt. Die Leute baten Passanten auf der Straße, Stiche in einen Gürtel einzunähen. Diese Stiche repräsentierten Gebete. Wenn der tausendste Stich vollendet war, wurde der Gürtel, ein weißer Stoff, der um den Kopf gebunden wurde, an einen Mann an der Kampffront geschickt. Dies geschah in dem Glauben, dass er vor feindlichen Kugeln schützen werde. Dies kann man heute in Filmen sehen.

D: *Die Soldaten kamen also mit den Lastwagen und nahmen deine beiden Söhne mit. Wer ist jetzt noch bei dir auf dem Hof?*

K: Nur meine Frau und ich.

D: *Was ist mit den Enkelkindern passiert?*

K: Sie sind bei ihren Müttern in der Stadt. Sie fühlten sich dort sicherer als hier. Sie lassen sie (die Frauen) in den Fabriken arbeiten, und so können sie überleben und Essen kaufen.

D: *Hätten sie kein Essen gehabt, wenn sie bei dir geblieben wären?*

K: Ja, aber das ist nicht erlaubt. Sie brauchen Menschen, die in ihren Fabriken arbeiten, und wenn sie all die Männer genommen haben, gibt es nur noch die Frauen. Und wer kümmert sich um einen alten, senilen Mann wie mich?

D: *Dann wollten die Frauen eigentlich nicht in die Fabriken zum Arbeiten gehen?*

K: Nein. Aber wenn man nicht arbeitet, isst man nicht. Bei der zerstörten Ernte konnte man hier nicht viel essen. Aber wir hätten es schaffen können. Wir hätten einen Weg gefunden.

D: *Sie kamen und nahmen sie einfach mit?*

K: (Sarkastisch) Sie zeigten ihnen, dass dies der akzeptable Weg sei, und halfen ihnen dann dabei, umzuziehen.

D: *Dann ließen sie ihnen keine Wahl. Arbeiten sie in derselben Art von Fabrik, in der dein ältester Sohn arbeitete?*

K: Ich weiß es nicht. Sie wollen es mir nicht sagen. Sie werden ihnen nicht erlauben, uns zu schreiben. Sie sagen, nur die Regierung dürfe es wissen.

D: *Hast du überhaupt irgendeine Form der Kommunikation mit ihnen?*

K: Sehr selten. Manchmal gelingt es ihnen, die Nachricht zu senden, dass es ihnen gut geht, aber es ist sehr schwer.

Dies ist ein weiteres Beispiel für die Abschaltung der Kommunikation. Der Durchschnittsbürger muss sehr wenig gewusst haben.

D: *Wer kümmert sich um die Kinder?*

K: Sie haben ein Zentrum, in welches sie sie aufnehmen. Es befindet sich in der Fabrik und sie passen auf sie auf.

D: *Ich verstehe. Sie kümmern sich um die Kinder, damit die Frauen in der Fabrik arbeiten können. Sind die meisten Männer in der Armee?*

K: Wenn sie jung genug sind, ja.

D: *Das lässt nicht viele übrig, um sich um die Ernte zu kümmern. Wie wollen sie die Bevölkerung und die Armee ernähren?*

K: Wer weiß? Sie werden sich von dem ernähren, was sie eingelagert haben, und danach werden sie verhungern.

D: *Sie denken nicht sehr weit voraus.*

K: Sie glauben, dass sie diesen Krieg gewinnen werden und dass er vorbeigehen wird, und dass sie dann keine Probleme haben werden.

D: *Du sagtest, dass die Armee, die Soldaten, die dort durchkamen, wo du wohnst, die Menschen in Schach halten sollten?*

K: Ja, und ein Zeichen der Stärke setzen. Damit niemand seinen Mund aufmacht und sagt, dass das falsch ist, oder das Volk zum Nachdenken anregt.

D: *Dann glaubst du also, dass die allgemeine Bevölkerung nicht mit dem einverstanden ist, was hier geschieht?*

K: Warum sollte jemand vernichtet werden wollen? Das Volk führt keine Kriege. Es sind die Leute in den Machtpositionen, die sich mehr Macht wünschen. Sie sind diejenigen, die Kriege führen. Aber was können wir tun? Es ist nichts, worüber irgendjemand spricht. Wenn so jemand hervortritt und etwas sagt, verschwindet er oder wird sofort getötet oder ... keiner redet! Alle sind sich einig, dass die Dinge nicht gut stehen, aber wir haben keine Macht--haben nicht das Gehör des Kaisers--um die Dinge zu ändern.

D: *Hast du irgendwelche Beispielsfälle dafür gesehen, dass etwas passiert, wenn jemand seine Meinung sagt?*

K: Sie werden sie töten.

D: *Ihre eigenen Leute? Das erscheint aber etwas drastisch.*

K: Wenn man sich im Krieg befindet, muss man eine einheitliche Front präsentieren können. Wenn es jemanden gibt, der diese Front untergräbt, wollen sie ihn loswerden. (Ich fragte nach einem Beispiel.) Es gab einen Mann im Dorf. Man sagt, er sei beim Stehlen erwischt worden. Ich kannte ihn. Dieser Mann würde niemals stehlen. Er würde eher verhungern. Ich weiß, dass er dabei erwischt wurde, wie er schlecht über die

Machthaber redete. Und sie holten ihn raus und erhängten ihn.

D: *Hat irgendjemand irgendetwas zu seiner Verteidigung gesagt?*

K: Niemand wagte es. Denn sie alle wussten die Wahrheit, warum er gehängt wurde.

D: *Sind das die Befehle, die die Soldaten haben?*

K: Wer weiß das? Niemand außer ihnen sieht die Befehle, wenn es überhaupt irgendwelche Befehle gibt.

D: *Glaubst du, sie denken sich diese Dinge ganz alleine aus?*

K: Vielleicht. Wer weiß? Wenn man einmal seine Macht demonstriert und die Leute genug einschüchtert, braucht man sich keine Sorgen mehr darum zu machen. Deshalb haben sie dies als Beispiel genommen.

D: *Man statuiert an jemandem ein Exempel und das erschreckt die anderen Leute. Hast du irgendeine Möglichkeit, dich selbst auf dem Hof zu verteidigen?*

K: Das Schwert meines Urgroßvaters, aber das ist alles. Keine Schießgewehre. Sie sind alle weg. Die standen auf der Liste der zu konfiszierenden Dinge. Sie sagten, man könne keinem Zivilisten mit Schusswaffen trauen.

D: *Sie nahmen dir deinen Selbstschutz.*

K: Aber sie sagen, dass *sie* der Schutz seien, also warum sollten wir uns Sorgen machen. Während in Wahrheit *sie* es sind, vor denen wir uns schützen müssen.

D: *Was stand sonst noch auf ihrer Liste der Dinge, die es den Menschen wegzunehmen galt?*

K: Wann immer sie irgendwelche Lebensmittelgeschäfte zwischen die Finger bekamen, nahmen sie mit, was sie mitnehmen konnten. Dinge wie gesalzenen Fisch und Reis, Dinge, die sich lange hielten.

D: *Was glaubst du, werden sie mit deinen Ziegen und Ochsen tun?*

K: Wahrscheinlich werden sie sie töten und als Nahrung verwenden. Jetzt haben wir keine Möglichkeit mehr zu pflügen, außer mit der Hand, und ich bin zu alt. Aber das ist ihnen egal. Sie machen die Arbeit ja nicht. Das ist ein Teil des Wahnsinns, der hier stattfindet. Jedes Mal, wenn wir anfangen, Nahrung anzubauen, passiert etwas. Entweder rennen die Soldaten durch die Felder oder es gibt nichts, womit man pflanzen könnte, also nützt es nichts.

D: *Haben sie ein Lager in der Nähe?*

K: Einige Kilometer entfernt haben sie das, was sie ihr Hauptquartier nennen--einen Haufen Holzhütten, die sie zusammengenagelt haben. Es liegt oberhalb der Stadt, damit sie sie bewachen können.

D: *Dann vermute ich, dass du die Soldaten wohl ab und zu siehst.*

K: Hoffentlich sehe ich sie zuerst, dann sehen sie mich nicht. ... Sie haben noch nichts in Brand gesetzt. Doch es gibt Drohungen.

D: *Hast du Angst, dass sie etwas Derartiges tun könnten?*

K: Wenn die Dinge schlimm genug werden, ja.

D: *Warum sollten sie das tun?*

K: Wer weiß das? Sie sagen erst etwas darüber, wenn es bereits getan ist, dann wird es niemand mehr wollen oder es als Versteck benutzen.

D: *Das ist eine seltsame Logik. Warum glauben sie, dass man sich vor ihnen verstecken müsse, wenn sie doch die Beschützer sind?*

K: Wer weiß? Vielleicht denken sie, dass, falls jemand kommt, ich meine, so wie ... sie im Norden kämpfen. Vielleicht ist es das, woran sie denken.

D: *Und der Feind, wie sie ihn nennen, wird nicht in der Lage sein, sich zu verstecken?*

K: Ich verstehe es nicht, aber ... ja.

D: *Glaubst du, dass diese anderen Länder der Feind sind?*

K: Menschen sollten nicht als Feinde betrachtet werden; Menschen sind Menschen. Vielleicht stimmen ihre Überzeugungen und Ideen nicht überein oder passen nicht zusammen, aber anstatt zu kämpfen, sollten sie sich zusammensetzen und darüber reden. Keine einzelne Person an der Macht kann gut sein.

D: *Hegst du negative Gefühle gegenüber den Vereinigten Staaten?*

K: Was sind sie für mich? Ich war noch nie dort. Ich weiß nicht einmal, wie einer--ein Mensch von dort--aussieht. Unterscheidet er sich von mir? Wenn man ihn schneidet, blutet er? Blute ich nicht auch? Ich habe noch nie einen Amerikaner gesehen, wie kann ich also sagen, dass ich ihnen die Schuld für etwas gebe, das mir passiert, wenn sie nicht hierherkommen und mich belästigen. Sie haben mir nichts getan. Wie kann jemand ein Feind sein, wenn ich noch nicht einmal sein Gesicht gesehen habe? Er ist kein Feind, den ich mir selbst gewählt habe. Das ergibt keinen Sinn. Nein, ich habe größere Kümmernis wegen der Leute, die meine Sachen zerstört und meine Söhne mitgenommen haben. Gegenüber ihnen empfinde ich große Wut.

D: *Ist das der Grund, warum du einige Sachen versteckst, damit du etwas zum Leben hast?*

K: Ja. Wir werden nicht verhungern.

D: *Nun, vielleicht sind deine Sachen in Sicherheit. Es ist nicht gut, wenn man sein ganzes Leben lang Dinge hat und jemand sie einem wegnimmt.*

K: Nein, es ist sehr schmerzhaft. Dinge, die einem wichtig sind.

D: *Was ist mit den anderen Leuten? Glaubst du, dass sie etwas zu essen haben werden?*

K: Wer weiß? Jeder macht sich Sorgen. Die Regierung sagt, dass sie sich um uns kümmern werde, aber ich habe meine Zweifel. Wer seine Soldaten lebensnotwendige Ernten zerstören lässt, kann nicht viel von dem wissen oder erkennen, was vor sich geht.

Er sagte, es sei jetzt spät im Herbst. Sie hatten geerntet, was sie konnten und würden den Winter überstehen können.

D: *Vielleicht wirst du bis zum Frühjahr wieder in der Lage sein, anzupflanzen.*
K: Das hoffen wir. Man kann nur hoffen.
D: *Wie denkt deine Frau über die Situation?*
K: Sie sagt nicht viel, aber ich habe sie weinen sehen. Ich weiß, dass sie sich Sorgen macht und sich fragt, was mit uns und unseren Söhnen geschehen wird. Es ist, als ob die ganze Welt verrückt geworden wäre und wir einfach mitgerissen werden.
D: *Glaubst du, dass es euch dort gut gehen wird oder solltet ihr in die Stadt ziehen?*
K: Ich würde eher hier sterben, als in diese Stadt zu gehen.
D: *Betreibst du immer noch deine Töpferei?*
K: Nicht oft. Wir machen uns mehr Sorgen um das tägliche Überleben und den Zusammenhalt.
D: *Nun, du hättest wahrscheinlich ohnehin nicht viele Orte, an denen du sie verkaufen könntest. Braucht ihr Geld?*
K: Noch nicht. Wir werden es schaffen. Wir haben es immer geschafft.

Ich hatte angenommen, dass Nogorigatu am Tag des Bombenabwurfs in Hiroshima gewesen sei, um seine Töpfe zu verkaufen. Das war die naheliegendste Schlussfolgerung, aber er ging nicht mehr länger dorthin und beabsichtigte, sich von der Stadt fernzuhalten. Ich musste einfach nur mit der Geschichte mitgehen und herausfinden, was vor sich ging. Ich wusste, dass ich Katie in keinster Weise beeinflusste, denn jedes Mal, wenn ich dachte, ich hätte die Antworten, stellten sie sich als falsch heraus. Ich wusste nie, welche Wendung die Geschichte als Nächstes nehmen würde.

D: *Werden deine Schwiegertöchter für ihre Arbeit in der Fabrik bezahlt?*
K: Ja, und sie bekommen Essen und einen Platz zum Leben. Nicht viel mehr

D: *Nun, zumindest wird für sie gesorgt.*
K: Das sagen sie. Ich glaube eher an Taten als an Worte, und sie haben mein Vertrauen nicht verdient. Warum sollte ich ihnen also vertrauen?
D: *Dieser Krieg, der gerade stattfindet, hat er dein Land schon erfasst?*
K: Sie sagen, es gebe im Norden Orte, die zerstört werden, und es gebe Kämpfe. Hier gibt es bislang keine. Aber wir sind besorgt und machen uns Sorgen.
D: *Wenigstens hast du noch deine Frau. Du hast jemanden an deiner Seite.*
K: Dafür muss ich dankbar sein. Zu wissen, dass ich wenigstens nicht alleine bin.

Das Leben änderte sich für den friedlichen Mann also drastisch. Die Welt war ihm dicht auf den Fersen. Es fiel ihm immer schwerer, zu ignorieren, was vor sich ging, und ein Isolationist zu bleiben. Die Welt um ihn herum brach zusammen. Die japanische Regierung selbst war sich der Unbeliebtheit des Krieges bewusst, ein Umstand, der deutlich wurde, als sie die Soldaten auf dem Land stationierte, um jede Andeutung einer Revolte im eigenen Volk zu unterdrücken. Und die Menschen wurden durch den Diebstahl von Lebensmitteln und die völlige Zersetzung ihres Privatlebens gestört. Nogorigatu präsentierte eine Geschichte Japans, die ich noch nie zuvor gehört hatte und sie überraschte und beunruhigte mich. Ich brachte ihn weiter bis ins Jahr 1944 und fragte ihn, was er sah. Als er antwortete, wurde Katies Stimme so tief und leise, dass ich ihn kaum noch hören konnte.

K: Ich sehe das Grab meiner Frau.

Das war eine Überraschung. Ich bat um eine Erklärung. Die Stimme war von Trauer erfüllt.

K: Sie ging die Straße im Dorf entlang. Und die Geländewagen kamen vorbei und überfuhren sie. Sie sahen sie nicht und machten sich nichts daraus. Keiner von ihnen hielt an.
D: *Wo warst du zu dem Zeitpunkt?*
K: Ich war im Haus. ... Sie bettelte. Sie versuchte, uns etwas zu essen zu besorgen. Etwas Reis. Irgendetwas.
D: *Hast du kein Geld mehr?*
K: Nichts, was als Geld akzeptiert wird. Man braucht Dinge, und Essen ist wichtiger.
D: *Du meinst, Geld hat keinen Wert mehr?*
K: Nur noch ein wenig. Vielleicht in den Städten. Hier draußen ist es wertlos.
D: *Du sagtest einmal, du habest Schmuck. Kannst du solcherlei Dinge verkaufen?*
K: Ja, wenn ich nach Hiroshima gehe, vielleicht.
D: *Aber deine Frau hat um Essen gebettelt. Wollte sie es zu dir zurückbringen?* (Eine lange bedeutungsschwere Pause.)

Warum ließ er sie allein ins Dorf gehen? War er zu stolz, um auf das Betteln zurückzugreifen? Sie waren immer in der Lage gewesen, für sich selbst zu sorgen und sich auf niemanden sonst zu verlassen. Wurde die Tatsache, dass er sie alleine gehen ließ und sie infolgedessen getötet wurde, für ihn zu einem schweren Schuldgefühl?

D: *Konntest du nicht irgendetwas anbauen?*
K: Einiges, aber nicht genug. Jedes Mal, wenn es wuchs, kam jemand und ruinierte das Feld oder ... (sehr traurig) alles schien einfach schiefzugehen.

Es ergab für mich keinen Sinn, dass ein Land nicht befürworten sollte, dass seine Bauern Nahrungsmittel anbauen. Hier in den USA war es während des Krieges das genaue Gegenteil.

D: *Ich würde meinen, dass sie wollen, dass ihr Nahrungsmittel anbaut, denn dann könnten sie auch welche haben.*
K: Aber *sie* haben Nahrung. Sie haben Dinge, die sie eingelagert haben, welche sie den anderen allen gestohlen haben. Warum sollte es sie also interessieren, wenn wir verhungern?

Man sollte meinen, es wäre logischer, den Landwirt die Nahrungsmittel zuerst anbauen zu lassen und sie *dann* zu nehmen. Ich fragte mich, was die Regierung zu tun gedenken würde, wenn die Vorräte zu Ende gingen, wenn nicht mehr angebaut würde.

D: *Dann aßt du das, was du eingelagert hattest?*
K: Ja, und Dinge, die wir hier in der Gegend vorfinden-- Kräuter, Wurzeln und Gemüse. Manchmal, wenn es mir gelingt, einen Fuchs oder vielleicht ein Kaninchen zu fangen, dann haben wir Fleisch.
D: *Gibt es einen Ort zum Fischen?*
K: Ja, aber er ist überlaufen mit Soldaten. Es ist nicht sicher, dorthin zu gehen.
D: *Was wirst du also jetzt tun?*
K: (Er schien den Tränen nahe zu sein.) Wer weiß. Einfach da sitzen und sterben. Was spielt das für eine Rolle?
D: *Wirst du dort auf der Farm bleiben?*
K: Vielleicht, vielleicht auch nicht. Vielleicht werde ich gehen und bei meinen Enkeln leben.
D: *Hörst du ab und zu von deinen Söhnen?*
K: Schon lange nicht mehr.
D: *Weißt du, wo sie sind?*
K: Nein, das dürfen sie nicht sagen. Irgendwo im Norden. Wer weiß das schon?

Katies Stimme war so traurig und leise geworden, dass sie schwer zu verstehen war. Ich dachte, sie würde zu weinen anfangen. Nogorigatu schien so unglaublich unglücklich zu sein. Sein Kummer war so frisch. Es war offensichtlich, dass seine Frau noch nicht sehr lange tot war. Einmal hatte er gesagt, er würde nie in die Stadt ziehen. Er muss wirklich am Ende seiner Kräfte gewesen sein, da ihm keine andere Wahl blieb. Natürlich schien ihm zu diesem Zeitpunkt ohnehin nichts mehr wichtig zu sein.

D: *Ich dachte, du magst die Stadt nicht. Wie fühlst du dich dabei, dass du jetzt dort hinziehen musst?*
K: Ich will nicht dort hinziehen. Ich fühle mich schlecht dabei, diesen Ort zu verlassen. Er ist mein Leben.
D: *Nun, wenigstens wirst du etwas zu essen haben.*
K: (Wütend) Ja. Keine Prinzipien mehr--aber Essen. (Eine lange traurige Pause.) Wir müssen alle unsere eigenen Wege gehen, unseren eigenen Pfad. Wenn das meiner ist, dann soll es so sein.
D: *Es klingt, als ob Japan eine schwere Zeit durchmacht. Hat der Krieg schon euer Land ergriffen? (Ich dachte an Bombenangriffe.)*
K: Ja.

Er sprach langsam und schien zu suchen und Schwierigkeiten zu haben, die richtigen Worte zu finden. Es war, als ob er so sehr in seinen Kummer vertieft war, dass er über gar nichts sprechen wollte.

K: Sie bauen Schutzvorrichtungen ... Luftschutzkeller ... in die sich die Menschen im Falle eines Angriffs flüchten können. Sie werden um größere Städte und die Hauptquartiere der Armeen herum gebaut.
D: *Wie glaubst du, dass sie angegriffen werden könnten?*

K: Ich weiß es nicht. Manche sagen, dass es vom Meer kommen wird, andere sagen, dass es aus der Luft kommen wird. Die Menschen haben Angst.
D: *Warum hält die Regierung die Sache nicht auf?*
K: Es ist schon zu weit gegangen. Sie können es nicht, selbst wenn sie es wünschen. Sie glauben immer noch auf ihre eigene Art und Weise, dass sie gewinnen können. ... Niemand gewinnt. Ich denke, das ist alles sehr sinnlos und sehr falsch. Ich will nur mein Leben in Frieden zurückhaben.
D: *Ja, das kann ich verstehen.*

Er zeigte eine so abgrundtiefe Traurigkeit und Kümmernis, dass es überwältigend war. Er tat mir so leid, dieser Mann, den ich so gut kennengelernt hatte, dass ich ihn nicht einfach dort lassen konnte. Ich konnte die Sitzung nicht guten Gewissens so unglücklich beenden. Vielleicht war es eher zu meinem Vorteil als zu Katies, weil sie beim Erwachen keine bewusste Erinnerung an die von ihr beschriebenen Ereignisse haben würde. Was auch immer der Grund war, ich beschloss, Nogorigatu in eine glücklichere Zeit zurückzuversetzen, bevor ich Katie aufweckte. Es schien mir nur fair, denn für mich war er ein echtes und sensibles menschliches Wesen geworden, eines, das zu tiefen Gefühlen und Emotionen fähig war. Also zählte ich sie zurück in das Jahr 1930, in eine friedliche Zeit, bevor die Welt den Verstand verlor. Nogorigatu klang noch einmal jünger und voller Leben.

K: Sie veranstalten die Prozession durch das Dorf. Es ist das Fest der Kirschbaumblüte. Sie haben die Priester an der Spitze, werfen den Reis und rufen den Segen □ dass dies ein gutes Jahr für das Gedeihen sein wird. Und wir haben die jungen Männer und Frauen des Dorfes, die alle in ihren schönsten Kimonos gekleidet sind. Sie wandern singend durch die Straßen.
D: *Schaust du der Prozession zu oder bist du dabei?*

K: Nein, ich schaue zu. Ich sitze auf dem Hügel abseits davon und schaue zu. Ich höre die Flöten und die Trommeln, die Zimbeln und die Glocken. Und die Glocken läuten.
D: *Gibt es irgendwelche Dekorationen?*
K: Luftschlangen, und sie haben die Drachen, die von den Hausdächern fliegen. Solche Dinge.
D: *Warum feiert ihr die Kirschbaumblüte? Ist das eine wichtige Zeit?*
K: Es ist eine Zeit, in der man sich daran erinnert, dass wir vom Land leben, und das Land muss gedeihen.

Wie ironisch, dass er zu einem solchen Anlass zurückkehrt, wenn er doch gerade erlebt hatte, was passiert, wenn das Land nicht gedeihen darf, sondern von gedankenlosen Menschen kahlgeschlagen und brachliegen gelassen wird.

D: *Ist irgendjemand bei dir?*
K: Nein, ich schaue es mir alleine an. Meine Familienmitglieder sind in der Prozession und ich schaue ihnen zu.
D: *Warum wolltest du nicht dabei sein?*
K: Ich hatte nicht den Wunsch dazu. Ich wollte nur zuschauen. Sie werden ihre Freude auf ihre Art und Weise haben und ich meine auf meine eigene.
D: *Es klingt, als ob deine Familie glücklich wäre.*
K: Sehr sogar, glaube ich.
D: *Sie sind alle in ihren schönsten Kimonos gekleidet. Und dann gibt es noch die Musik und die Luftschlangen. Es ist eine sehr schöne Zeit und es wird eine sehr glückliche Erinnerung sein.*

Nun konnte ich Katie mit gutem Gewissen wieder in den Wachzustand versetzen. Ich hatte Nogorigatu wieder mit seiner Familie zusammengeführt, wenn auch nur für einen kurzen Moment. Ich wollte, dass er sich eher an die glücklichen als an die schlechten Zeiten erinnert. Es gibt solche, die sagen werden, dass es eigentlich keinen Unterschied für ihn mache. Er sei schon lange tot und es sei ein bloßes Wiedererleben von Erinnerungen gewesen, egal in welcher Reihenfolge ich sie eingeordnet habe. Aber ich meine wohl, dass es für diesen sanftmütigen Mann *doch* einen Unterschied gemacht hat. Nicht zuletzt hat es die Vertrauensbildung zwischen diesem Wesen und mir nochmals betont. Vielleicht konnte er irgendwie verstehen, dass ich ihm nur Gutes wollte, dass ich viel Mitgefühl für ihn und seine Mühen empfand. Vielleicht würde das in unserer Beziehung helfen, während wir uns dem schicksalhaften Tag näherten, an dem er jede Stärke brauchen konnte. Vielleicht war diese besondere Empfindung ihm gegenüber die einzige Möglichkeit, die Geschichte voranzutreiben. Ich weiß es nicht. Ich weiß nur, dass ich eine merkwürdige Zuneigung zu diesem Mann entwickelt hatte und nicht wollte, dass er in meiner Obhut übermäßig leiden musste. Wenn es in meiner Macht stünde, würde ich ihn vor jeglicher Unannehmlichkeit schützen.

Beim Erwachen aus einer Sitzung fühlte Katie sich gut. Da sie praktisch schlief, spürte sie keine negativen Nachwirkungen. Ich war diejenige, die sich Sorgen machte. Ich konnte sein Leiden nicht so leicht ausblenden wie sie. Dieser Mann hatte begonnen, mich sprichwörtlich zu verfolgen. Sein Schmerz war mein Schmerz. Ich hörte seine Worte nochmals, als ich versuchte, nachts zu schlafen. Er lebte in meinen Gedanken im Wachzustand und auch in meinen Träumen. Er wurde für mich sehr real und es war, als ob sein Tumult jetzt anstatt vor 40 Jahren stattfand. Er schien mich inständig darum zu bitten, seine Geschichte erzählen zu dürfen, um seinem Tod einen Sinn zu geben. Um ihn nicht umsonst sterben zu lassen. Ich wusste, ich hatte eine Aufgabe zu erfüllen. Weder er noch ich würden Frieden haben, bevor nicht seine Geschichte erzählt wurde. Ich fühlte, dass seine Geschichte von zunehmender Bedeutung wurde, und ich schwor im Stillen, dass ich seinen Wunsch erfüllen würde. Sie sollte erzählt werden.

Kapitel 12

Kriegszeit in Hiroshima

ICH VERLIESS DIE LETZTE SITZUNG mit einem sehr unbehaglichen Gefühl. Beunruhigende Gedanken fingen an, meinen Geist zu plagen. Als sich die Geschichte dieses japanischen Mannes entfaltete, stellte er sein Land und sein Volk während des Krieges auf eine Weise dar, wie ich es noch nie zuvor gehört hatte. Sie waren in einer Situation gefangen, die nicht von ihnen selbst geschaffen wurde. Die Schrecken des Krieges für die Menschen eines Landes waren nie augenscheinlicher.

Als ich nach dieser letzten Sitzung nach Hause fuhr, war ich sehr aufgewühlt. Etwas stimmte nicht, das ich jedoch nicht genau benennen konnte. Plötzlich, wie ein Lichtblitz, der alle Dinge in einer dunklen Nacht erleuchtet, wusste ich, was es war. „Mein Gott!", dachte ich. Wir hätten die Bombe nicht fallen lassen müssen! Das Land brach innerlich zusammen. Die Menschen verhungerten. Es war nur eine Frage der Zeit, bis der Krieg ohnehin vorbei gewesen wäre. Ein Land in solchem Aufruhr hätte unmöglich noch länger durchhalten können. Das war eine ganz neue Idee, eine neue Denkweise für mich. Es war eine harte Enthüllung, aber sie hatte den unauslöschlichen Klang der Wahrheit.

Da ich während der Kriegsjahre aufgewachsen bin, war ich der ganzen Propaganda in den Zeitungen und Filmen ausgesetzt. Der Feind war der Feind--abscheulich und monströs--und es gab keine Grauzonen. In all den Jahren seit Kriegsende habe ich nicht ein einziges Mal infrage gestellt, ob die Vereinigten Staaten recht gehandelt hatten. Es war mir einfach nie in den Sinn gekommen.

Nun musste ich zum ersten Mal in meinem Leben die Motive meines Landes infrage stellen. Warum haben wir das getan? Hatten wir keine Spione innerhalb Japans, die uns die wahren Verhältnisse in diesem Land schildern konnten? Vielleicht nicht.

Vielleicht wussten die Experten nicht wirklich, dass das Land bereits in die Knie gezwungen wurde. Das brachte mich auf den Gedanken, dass wir keineswegs perfekt sind, sondern dass es schon zuvor dunkle Flecken in unseren Akten gab. Doch schon allein der Gedanke gab mir das Gefühl, eine Verräterin zu sein, und ich schämte mich zutiefst und war deprimiert wegen der Dinge, die mir durch den Sinn gingen.

Eines wusste ich mit Sicherheit, diese Version konnte unmöglich aus Katies Bewusstsein kommen. Wenn mir, einem Menschen, der in dieser Kriegszeit lebte, diese Ideen nicht eingefallen waren, wie hätte sie sich dann ein junges Mädchen ausdenken können, das damals noch nicht einmal geboren war? Da Katie und ich weiterhin zusammenarbeiten wollten, musste ich die beunruhigenden Gedanken in den Hintergrund drängen. Wichtig war, die Geschichte des japanischen Mannes zu bekommen und sie von der Last der aufgerührten schrecklichen Erinnerung zu befreien. Natürlich sollte ich später, als ich mit meinen Recherchen begann, feststellen, dass dies nur die Version eines einsamen alten Mannes war und der Ruf meines Landes unversehrt blieb.

Ich hatte nicht einmal annähernd diese negativen Gedanken, als wir uns in der darauffolgenden Woche zu unserer üblichen Sitzung trafen. Als Katie in den ihr mittlerweile vertrauten Trancezustand versetzt worden war, ging ich erneut in die Kriegsjahre hinein und versuchte, näher an den Zeitpunkt der Atombombenexplosion in Hiroshima zu dringen. Die ergreifende Geschichte von Nogorigatu tauchte weiterhin immer wieder auf. Als seine Frau von den Soldaten getötet wurde, hatte er keinen Lebenswillen mehr und wusste nicht, welchen Weg er nehmen sollte. Ich zählte Nogorigatu bis zum Winter 1944 und fragte ihn, was er sehen könne.

K: Ich kann die Truppen sehen. Sie bewegen sich vorwärts. Sie haben beschlossen, dass sie das Hauptquartier näher an die Stadt rücken wollen. Also haben sie ihre Truppen zusammengerufen und bewegen sich vorwärts.
D: *Wo bist du?*
K: Ich bin zu meinem Haus gegangen, um meine Sachen zu suchen.
D: *Wohnst du noch immer in dem Haus?*
K: Nur manchmal. Manchmal bleibe ich im Dorf, manchmal in Hiroshima.
D: *Kannst du vom Haus aus die Truppen sehen?*
K: Ja, sie sind auf der Straße, die zur Stadt führt. Wir versuchen, uns von den Soldaten fernzuhalten ... und verstecken uns.

Warum sagte er „wir"? Meinte er damit, dass die Menschen im Allgemeinen versuchten, außerhalb der Reichweite der Soldaten zu bleiben?

D: *Bei wem wohnst du, wenn du in Hiroshima bist?*

K: Ich wohne bei meinen Töchtern und Enkelkindern. (Wahrscheinlich bezeichnete er sie als seine Töchter, weil sie die einzigen Familienmitglieder waren, die er noch hatte.) Sie arbeiten in den Fabriken und gehen jeden Tag dorthin. Die Enkelkinder gehen in die staatliche Schule und werden dort betreut.

Ich hatte mich vom ersten Tag unseres Abenteuers an gefragt, wie es kam, dass er in Hiroshima lebte. Jetzt hatte ich die Antwort auf meine Frage. Er war gezwungen worden, nach Hiroshima zu ziehen, etwas, das er geschworen hatte, niemals zu tun. Es konnte aus Einsamkeit, aus verzweifelter Suche nach Nahrung oder aus einer Kombination von beidem gewesen sein. Aber wir hatten endlich sozusagen das „Opfer am Tatort".

D: *Weißt du, was deine Töchter in der Fabrik tun?*
K: Irgendeine Arbeit mit den ... Geländewagen ... oder sie machen etwas für irgendeine Art Teile. Ich bin mir nicht ganz sicher. Es ist eine Regierungsangelegenheit. ... Alle Menschen, die in den Fabriken arbeiten, leben in derselben Gegend. Sie haben mehrere Gebäude und dort wohnen sie auch.
D: *Gibt es genug Platz für alle, wenn du dort bist?*
K: Nein, es ist sehr beengt. Sie haben zwei Räume, die ihnen gehören, und in denen leben sie.

Er war so sehr an die freie Natur und die Freiheit seines Hofes gewöhnt. Es muss ein sehr schwieriges Zugeständnis für ihn gewesen sein, in der überfüllten, lauten Stadt zu leben.

K: Es sind viele Menschen hierhergekommen ... weg vom Land, um Arbeit und Arbeitsplätze zu finden. Die Dinge sind überall sehr hart, also nimmt man, was man kriegen kann.
D: *Gibt es viel Nahrung in der Stadt?*

K: Sie bekommen eine bestimmte festgelegte Menge an Essen für wie viele Menschen auch immer, und damit muss man sich abfinden. Für diejenigen, die für die Regierung arbeiten ist es besser, als für die Menschen, die immer noch versuchen, ihr Leben wie vor dem Krieg weiterzuführen.
D: *Wie kommen sie an ihr Essen? Dürfen sie auf den Markt gehen?*

Ich dachte über die Art und Weise nach, wie die Lebensmittel in den USA während des Krieges rationiert wurden. Wir erhielten Rationshefte, aber wir benutzten sie, um zu kaufen, was wir wollten oder was im Lebensmittelladen erhältlich war.

K: Sie geben ihnen das Essen in Rationen. Sie haben eine festgelegte Menge und diese wird ausgeteilt.
D: *Gibt es genug, um auch dich zu ernähren?*
K: Wir machen es ausreichend. Deshalb bleibe ich nicht immer dort. Ich muss lernen, allein auszukommen. Ich überlebe.
D: *Wie reist du hin und her?*
K: Ich muss zu Fuß gehen. Es ist eine Reise von etwa drei Tagen hin und zurück.
D: *Du musst ein sehr gesunder Mann sein, um so weit zu gehen.*
K: Man tut, was man tun muss. Ein Mann kann alles tun, wenn er es sich in den Kopf setzt. Denn egal was passiert, dies ist mein Zuhause, auch wenn ich es verlassen musste. Hier gehöre ich hin. Und manchmal muss ich einfach nur hierher kommen und Zeit verbringen. Nur um nachzusehen und sicherzustellen, dass es noch steht und dass sie mein Haus nicht bis auf den Grund abgebrannt haben. ... Es ist etwas zerfallen. Ich weiß nicht, ob es durch Menschen oder nur durch den Wind verursacht wurde. Zum Teil waren es, glaube ich, Leute, die einen

Teil des Holzes für ihr Feuer gestohlen haben ... und sie nehmen Dinge mit. Es war nicht mehr viel übrig. Viele der Dinge, die ich versteckt oder vergraben habe, sind immer noch da. Sie werden mir jetzt nicht mehr viel nützen, aber sie gehören mir. Es gibt niemanden, der sich um die Dinge schert, die mir lieb und teuer sind.

D: *Gibt es nichts, das du verkaufen könntest, um Lebensmittel zu kaufen?*

K: Niemand will Kunstgegenstände kaufen, wenn Krieg ist. Sie sind mehr daran interessiert, ihre leeren Mägen zu beruhigen, als die Dinge mit den Augen zu betrachten und die Schönheit zu schätzen. Sie haben für niemanden einen Wert, außer für mich.

D: *Du sagtest mir einmal, dass du dort hinten Schmuck vergraben habest. Ist der noch dort oder hast du ihn verwertet?*

K: Er ist noch da. Ich konnte ihn nie loswerden. Ich glaube, davor würde ich lieber verhungern. Er ist von Generation zu Generation weitergegeben worden.

D: *(Er schien verärgert zu sein und ich versuchte, ihn zu beruhigen.) Nun, vielleicht kannst du eines Tages, wenn alles vorbei ist, zurückkommen und ihn dir holen.*

K: Das können wir nur hoffen.

D: *(Ich wechselte das Thema weg von seinen traurigen Erinnerungen.) Gibt es viele Truppen auf der Straße?*

K: Ziemlich viele. Sie sind alle in ihren Lastwagen und haben ihre Waffen bei sich und sie bewegen sich vorwärts.

D: *Weißt du, warum sie ihr Hauptquartier näher an die Stadt rücken?*

K: Nein, das weiß ich nicht. Man lernt, dem Militär keine Fragen zu stellen, wenn man leben will. Sie haben das Gefühl, wichtig zu sein, wenn sie etwas wissen, was man selbst nicht weiß.

D: *Wie fühlst du dich bei all diesen Dingen, die vor sich gehen?*

K: Verwirrt. Ich frage mich, warum sie passieren müssen. Jemand muss glauben, dass er das Richtige tut, aber ich kann das nicht sehen. Ich sehe nicht, wie etwas Gutes dabei herauskommen kann, das Leben von Menschen zu zerstören. Was ist das wert? Ich meine, welchen Preis können wir für das Leben eines Menschen festlegen?

D: *Was denken die anderen Menschen?*

K: Die meisten von ihnen sind ebenso verwirrt wie ich. Aber die meisten fürchten sich, viel zu sagen, weil sie wissen, dass es sehr gefährlich ist, seine Meinung zu sagen.

D: *Sind die Leute in der Stadt auch verwirrt?*

K: Manche von ihnen. Sie sind hauptsächlich besorgt über ihre alltägliche Existenz und halten einfach die Dinge zusammen, um die sie sich viel Sorgen machen. Sie haben zumindest Arbeit und Essen.

D: *Wird deinen Töchtern Geld bezahlt?*

K: Ja, aber in Form von Bezugsscheinen. Es ist ... man kann sie nur durch das Militär und solche Einrichtungen einlösen. Sie sind diejenigen, die den Schlüssel zum Geld haben.

Ich wusste, was Bezugsscheine sind. Wir benutzten diese, während wir auf den Philippinen stationiert waren. Es ist Papier, das vom Militär anstelle von echtem Geld ausgegeben wird. Normalerweise kann es nur in Regierungseinrichtungen verwendet werden.

D: *Man konnte dieses Geld nicht verwenden, um anderswo einzukaufen?*

K: Nein, das geht nur über das Militär. Sie haben ihre eigenen Läden, in denen sie Kleidung und solche Dinge anbieten. Man muss von ihnen kaufen, es sei denn, man geht auf den Markt und tauscht die Dinge ein. Man selbst hat etwas, das jemand will, und man schließt einen offenen Handel.

D: *Das ist interessant, dass sie kontrollieren können, wie ihr die Dinge kauft, und dass sie euch auch die Lebensmittelrationen austeilen können.*

K: Nun, siehst du, je mehr Kontrolle sie darüber haben, desto mehr Kontrolle glauben sie, über die Menschen zu haben. Wenn man ausschließlich über sie einkaufen muss, können sie einen kontrollieren. Man spricht sich nicht gegen sie aus, denn sonst stellen sie einem die Versorgung ab.

D: *Das nimmt euch wirklich viel von eurer Freiheit.*

K: Was ist Freiheit in Wirklichkeit anderes als ein Geisteszustand?

D: *Nun, zuvor wart ihr frei, mehr oder weniger das zu tun, was ihr wolltet, nicht wahr?*

K: Ich war frei, ... von der Welt in Ruhe gelassen zu werden, ja. Die Welt dringt ein, sie scheint sich um uns herum zu schließen. Wenn man sich auf die Ebene des täglichen Überlebenskampfes begibt, kann man nicht die Tatsache ignorieren, dass es Probleme gibt. Dann beginnt man, über die Dinge und das, was man verpasst hat, nachzudenken und sich zu fragen, wie man es überhaupt verloren hat. Erst an diesem Punkt, wenn es so schlimm wird, wird den Menschen bewusst, dass sie überhaupt jemals etwas verloren haben.

D: *Nun, aus dem, was du sagst, klingt es nicht so, als ob sich die Regierung viel Gedanken darüber macht, wie die Menschen überleben werden.*

K: Weitestgehend. Sie machen sich nur darüber Sorgen, wie sie selbst überleben werden. Sie glauben, dass sie, wenn sie diese Situation gewinnen, sich alles auswählen können. Und sie werden reichlich Vorräte haben, mit denen sie die Menschen ernähren können, und alle werden das vorherige Elend vergessen.

D: *Was ist mit den Menschen, die nicht in den Fabriken arbeiten? Was tun sie für ihr Essen?*

K: Einige von ihnen nutzen den Handel mit anderen, und sie stellen ihre eigene Kleidung und solcherlei Dinge her und tauschen sie gegen Lebensmittel und andere Sachen ein. ... Aber es gibt dort viel Fabrikarbeit für die Regierung, und es gibt dort viele militärische Arbeitsplätze. Und die meisten Menschen können zumindest überleben.

D: *Das klingt, als hätten diejenigen, die in den Fabriken arbeiten, es zu einem gewissen Grad besser.*

K: Ähm, wahrscheinlich, weil sie wissen, dass da ihre Arbeit wartet. Sie müssen sich darüber keine Sorgen machen. Und natürlich gibt es immer noch die Missionsstellen, zu denen sie gehen können, die ihnen Vorräte besorgen und ihnen helfen, sich zu ernähren.

D: *Woher bekommen die Missionsstellen die Vorräte?*

K: Das Rote Kreuz und andere senden sie hinein, und sie bekommen ihre Vorräte von ihnen.

Das überraschte mich, aber ich vermute, dass das Rote Kreuz immer neutral war, motiviert aus streng humanitären Gründen. (Das Internationale Rote Kreuz ist eine Schweizer Organisation.) Sie durften während des Krieges auch Versorgungsmittel in die Gefangenenlager schicken. Ich nehme an, es ist möglich, dass sie Versorgungsmittel nach Japan geschickt haben, aber es war etwas, woran ich nie gedacht hatte, und ich glaube nicht, dass es allgemein bekannt ist.

D: *Stammen diese Missionsstellen aus verschiedenen Religionen?*

K: Sie haben die katholischen Priester und die Lutheraner, weißt du. Sie sind in der Lage, ein bisschen zu helfen, ja.

D: *Ich frage mich, ob die Regierung wirklich weiß, wie schlimm die Dinge stehen?*

K: Oder ob sie sich wirklich darum kümmert. Wissen und sich kümmern sind zwei verschiedene Dinge. Sie sehen diese großartige Idee des Sieges. Es ist ihnen egal, wie hoch der Preis dafür ist.

Katie begann, Unbehagen zu zeigen, und ich fragte, was los sei. Nogorigatu sagte, er sei einfach müde, aber es klang, als wäre es eine Müdigkeit der Seele, nicht des Körpers. Ich brachte sie aus dieser Szene heraus.

Wir hatten wochenlang daran gearbeitet, die Informationen über das Leben dieses Japaners zusammenzutragen. Nur mit ihrer Erlaubnis begann ich, mich in die Kriegsjahre hineinzubewegen. Ich war meinem Versprechen treu geblieben und hatte mich dem schicksalhaften Tag des 6. August 1945, an dem die Atombombe auf Hiroshima abgeworfen wurde, nicht genähert. Am Ende dieser Sitzung wurde mir klar, dass wir das Ende des Weges erreicht hatten. Ich sagte ihr, dass es nur noch einen Punkt gebe und zwar, den Tod Nogorigatus zu untersuchen. Sie hatte bereits viel Trauma und Trauer wiedererlebt, während der Japaner seine Erlebnisse erzählte, und sie hatten sich im Wachzustand überhaupt nicht auf sie ausgewirkt. Ich wusste, dass sie nie wieder den gleichen Aufruhr erleben würde, der sich ereignet hatte, als die Erinnerung an den Bombenanschlag zum ersten Mal auftauchte. Ich hatte das Gefühl, dass das Erzählen der Geschichte unter Hypnose kontrolliert werden konnte und dass es nie wieder die gleiche Wirkung auf ihr Bewusstsein haben würde. Da versprach ich ihr, dass wenn sie einverstanden war, es zu versuchen, wir es nur einmal tun und uns danach nie wieder daran annähern würden. Katie saß tief in Gedanken versunken da und sinnierte über die Situation. Ihr wurde auch klar, dass wir bei der Untersuchung dieses Lebens so weit gegangen waren, wie wir nur konnten. Das Einzige, was noch zum Untersuchen übrigblieb, war der Tod. Sie konnte mir noch keine Antwort geben. Sie wollte im Laufe der Woche darüber nachdenken und mir mitteilen, wann wir uns zu unserer nächsten üblichen Sitzung treffen würden.

Kapitel 13

Die Atombombe

ALS ICH IN DER DARAUFFOLGENDEN WOCHE in meinem Auto saß und darauf wartete, dass Katie von der Arbeit kam, gingen mir viele Gedanken durch den Kopf. Das Vertrauen, das wir aufgebaut hatten, war wichtiger als eine spannende Geschichte zu bekommen. Zudem war der japanische Mann für mich sehr real geworden und ich wusste, dass ich ihn nicht verraten konnte. Das war für mich genauso bedeutsam wie eine etwaige Beeinträchtigung meiner Beziehung zu Katie. Ich musste beide als reale Personen mit Gefühlen und Emotionen betrachten. Wir könnten immer noch fortfahren, andere Leben zu erforschen, falls sie das Gefühl hätte, dass sie noch nicht bereit war, sich hiermit zu konfrontieren. Ich habe nie auch nur einen meiner Probanden gezwungen, etwas zu tun, was ihm unangenehm war.

Als Katie sich dem Auto näherte, strahlte sie über das ganze Gesicht. Sie hatte die Entscheidung getroffen, weiterzumachen, und sie fühlte sich, als sei ihr eine große Last von den Schultern genommen worden. Sie wusste von irgendwo tief im Inneren, dass es sehr wichtig für ihr Wohlergehen war, den Tod Nogorigatus zu erleben und dass sie sich dem stellen musste. Sie hatte das Gefühl, dass es ihr immer im Hinterkopf sitzen würde, wenn sie davor wegliefe.

Aber die Entscheidung, sich dem zu stellen, bedeutete nicht, dass sie keine Angst hatte. Sie war immer noch nervös bei dem Gedanken, da hindurchzugehen. Es heißt, dass wahre Tapferkeit bedeutet, etwas zu tun, auch wenn wir Angst haben. Es braucht keinen Mut, etwas Einfaches zu tun. Ich war stolz auf sie, dass sie die Entscheidung nicht meinetwegen, sondern ihretwegen getroffen hatte. Ich hatte das Gefühl, dass es für ihr spirituelles Wachstum ungemein hilfreich sein würde.

Als wir uns im Haus auf die Sitzung vorbereiteten, wurde ich allmählich beunruhigt. Ich hatte viele, viele Menschen während Hypnose-Rückführungen durch ihren Tod begleitet. Das meiste davon war spontan und ohne Vorwarnung geschehen. Andere Male hatte ich sie angewiesen, den Tod zu erleben. Ich war stets in der Lage gewesen, das Ausmaß des Traumas zu kontrollieren, dem der Proband ausgesetzt war.

Ich wusste, dass das, was wir an diesem Tag untersuchen würden, ein ganz anderer Sachverhalt war. Zum ersten Mal wusste ich im Voraus, wie jemand sterben würde und wie es sich bereits auf Katie im Wachzustand ausgewirkt hatte. Weiß wirklich jemand, wie es ist, durch eine Atomexplosion zu sterben? Würde diese Todeserfahrung anders sein? Wie würde sie reagieren? Wie würde ich reagieren? Der ganze Gedanke ließ mich erschaudern. Instinktiv nahm sie meine Angst auf. „Hey, ich weiß nicht, wer nervöser ist, du oder ich!"

Ich lachte, aber ich versuchte nicht, meine Gefühle vor ihr zu verbergen. Ich äußerte meine Vorbehalte, aber sie hatte trotzdem das Gefühl, dass sie da hindurchgehen müsse. Ich wusste aus früheren Erfahrungen mit anderen Probanden, dass sie, wenn es ihr zu viel würde, aufwachen würde, gerade so, wie man aus einem Alptraum aufwacht. Das Unterbewusstsein schützt den Probanden die ganze Zeit über, in der er sich im somnambulistischen Zustand befindet, und ich hätte keine Macht, sie dort zu halten, wenn sie es doch nicht wiedererleben wollte. Als ich das Schlüsselwort benutzte und sah, wie sie in den ihr vertrauten Trancezustand glitt, hüllte ich sie in das übliche mentale „weiße Licht des Schutzes". Nur, dass ich dieses Mal auch ihre geistigen Führer und die uns umgebenden Kräfte herbeirief, ihr dabei zu helfen, diese Tortur zu durchstehen. (Manche Leute nennen sie auch Schutzengel.) Ich wollte nichts dem Zufall überlassen. Ich wusste, dass sie alle Hilfe brauchen würde, die wir bekommen konnten.

Während dieser Sitzung war ich so stark involviert und war so sehr damit beschäftigt, Katies körperliche Reaktionen zu kontrollieren, dass ich die volle emotionale Wirkung des Erlebnisses erst später mitbekam, als ich die Bandaufnahme abspielte. Wenn ich dieses Band für Gruppen von interessierten Menschen abgespielte, fingen viele an zu weinen, und andere konnten nicht sitzenbleiben. Sie drängten aus dem Raum. Ich hoffe, dass ich dieses sehr reale, herzzerreißenden Gefühle durch ein so armseliges Medium wie dem geschriebenen Wort vermitteln kann. Ich habe mir den Kopf über die effektivste Art und Weise zermartert, diese Gefühle auf Papier auszudrücken. Und ich habe das Gefühl, dass es hier etwas gibt, das erzählt werden muss. Es ist eine Geschichte unserer Zeit und sie ruft in unsere Welt. Sie fleht: „Lasst diesen Wahnsinn nie wieder geschehen!"

Ich holte tief Luft und begann.

D: Gehen wir zum Frühjahr 1945. Es wird Frühling sein, wenn die Erde erwacht und die Dinge wieder zu wachsen beginnen. Was siehst du?
K: Ich kann die Flugzeuge über uns fliegen sehen. Es scheint, als ob sie uns folgen. Sie beobachten, was wir tun.

D: *Wo bist du?*
K: In Hiroshima.
D: *Was für Flugzeuge sind das?*
K: Äh ... Ich weiß nicht. Sie sind ziemlich groß. Es sind ... vier oder fünf von ihnen und sie fliegen über uns.
D: *Warum fliegen sie über der Stadt?*
K: Ich habe keine Ahnung. Sie gehören nicht zu uns. Aber es ist so, als ob sie uns beobachten. Sie werfen keine Bomben ab, sie beobachten nur. Wir haben sie schon zuvor gesehen, aber es ist eine Sache, die sie erst kürzlich begonnen haben, sie kommen und fliegen über die Stadt. Ich überlege, ob sie nach einem guten Ort suchen, um ihre Bomben abzuwerfen. Ich weiß es nicht.
D: *Haben schon früher Flugzeuge Bomben abgeworfen?*
K: Im Norden und in den umliegenden Gebieten, ja. Sie haben sie abgeworfen und viel Schaden an Feldern und Städten angerichtet. Wir hatten noch nie schwerwiegende Einschläge, zumindest nicht in der Stadt. Sie halten Dinge geheim. Vielleicht sind wir als Nächstes an der Reihe.
D: *Warum werfen sie die Bomben ab?*
K: Das ist das Land, mit dem wir im Krieg sind. Das ist der Krieg, den wir geführt haben, nur ist er jetzt nach Hause gekommen.
D: *Glaubst du, dass die Regierung dies kommen sah?*
K: Wer weiß. Wahrscheinlich dachten sie, dass er zu Ende sein würde, bevor es überhaupt so weit käme. Wie kann ich das beurteilen? Ich bin nicht in der Lage, an ihre Informationen zu kommen. ... Es beunruhigt mich, denn ich weiß, wenn sie Dinge abwerfen und über unsere Stadt fliegen, könnten sie sie leicht auf uns abwerfen. Und ich frage mich, ob das so kommen wird.
D: *Haben die Menschen Angst, wenn die Flugzeuge überfliegen?*
K: Ja. Sie rennen und sie haben ... Schutzräume und Dinge, Orte, an denen sie sich in Sicherheit bringen können. ...

Sie nennen es ... Luftschutzbunker oder so etwas. Ich weiß nicht. (Er war verwirrt über das Wort.)
D: *Warst du jemals in einem von ihnen drin?*
K: Ja, einige davon sind Schulen, die einfach gut geschützt sind und vielleicht etwas weiter draußen und weiter weg von den Fabriken und solchen Dingen sind. Andere sind Keller von höheren Gebäuden.
D: *Und dort gehen die Menschen hin, wenn die Flugzeuge kommen?*
K: Manchmal, ja. Manchmal gehen die Leute auch einfach weiter ihrer Arbeit nach. Sie müssen leben, egal was passiert.
D: *Haben sie keine festen Anordnungen dafür?*
K: Sie haben Sirenen, und wenn sie losgehen, müssen sie den Lärm in der ganzen Stadt verbreiten, dass ein möglicher Angriff bevorsteht. Aber bisher gab es noch keinen Angriff. Sie müssen die Straßen räumen, aber ansonsten gibt es kein Problem. Ich habe keine Lust, in den Luftschutzkeller zu gehen. Ich möchte lieber sehen, was auf mich zukommt, als wie ein verängstigtes Eichhörnchen in einen Baum zu rennen und mich zu verkriechen. Wenn ich sterbe, würde ich gerne sehen, was mich tötet.
D: *Fährst du immer noch zu deinem Haus und zurück?*
K: Nein. Es ist zu gefährlich dort mit all den Truppen und möglichen Bombenangriffen und ... ich gehe nicht dorthin.
D: *Lebst du gerne in der Stadt bei deinen Töchtern?*
K: Ich fühle mich wie ein Vogel im Käfig ... der verwirrt ist und nicht fliegen kann.
D: *Ist es dir möglich, manchmal draußen spazieren zu gehen?*
K: Manchmal, aber wir werden auf der Straße angehalten. Sie sind jedem gegenüber misstrauisch. Die Soldaten stellen Fragen. „Warum seid ihr hier? Was macht ihr hier?" Alle werden sehr misstrauisch und nervös.

Manchmal, wenn ich es schaffe, herauszukommen, gehe ich spazieren, aber man kann nirgendwo spazieren, außer in der Stadt. Das gefällt mir nicht. Ich lebe gerne in meinem eigenen Haus, habe meine Felder und meine Tiere um mich herum. Ich vermisse die Ruhe und den Frieden.

D: *Du sagtest, ihr verfügtet nur über zwei Zimmer. Ist es schwierig für euch alle, dort zu schlafen?*

K: Wir breiten die Matten auf dem Boden aus und schlafen auf ihnen, dort ist genug Platz dafür.

D: *Habt ihr eine Kochstelle?*

K: Wir haben einen Grill, das ist ein Holzkohlerost, der sich in dem einen Raum befindet.

D: *Nun, wenigstens bist du nicht allein. Das ist etwas, wofür man dankbar sein sollte.*

K: Ja, das ist wahr. Aber das ist auch nicht gerade ein Leben, in dem man Kinder erziehen kann.

D: *Das ist wahr. Und das ist ... welchen Monat habt ihr gerade?*

K: Es ist April.

D: *April 1945. Okay, lass uns noch ein paar Monate weitergehen. Es wird Juli 1945 sein. Das ist im Sommer, wenn es heiß ist.*

Ich wollte nicht direkt hineinspringen, weil ich glaubte, es sei besser, sich Zeit zu lassen und dann leicht anzuziehen. Ich zählte sie bis zum Juli 1945 und fragte, was Nogorigatu sah.

K: Ich sehe meine Töchter, wie sie von der Arbeit kommen. Ich helfe ihnen bei der Essenszubereitung.

D: *Wie laufen die Dinge so?*

K: Es steht extrem schlecht. Es gibt viele Probleme. Es gab Bombenangriffe in der ganzen Stadt und alle sind besorgt und angespannt. Es gab hier keine direkten Einschläge, und wir fragen uns immer, wann sie kommen. Zwei der Fabriken in der Umgebung wurden getroffen, keine ernsthaften Schäden, ein paar Tote. Sie schaffen es, mit der Arbeit fortzufahren.

D: *Wie hört es sich an, wenn die Bomben fallen? Kannst du sie hören?*
K: Vor der Explosion ertönt ein schrilles Pfeifen. Man sagt, dass man die Bombe, die einschlägt, nie hört, also weiß ich es nicht.
D: *Was ist mit der Fabrik, in der deine Töchter arbeiten? Hat sie schon Schäden erlitten?*
K: Noch nicht.
D: *Ist die Unterkunft, in der ihr lebt, in der Nähe der Fabrik?*
K: Nicht wirklich nahe, aber nahe genug, um besorgt zu sein.
D: *Kommen die Flugzeuge sehr oft?*
K: Sie kommen jeden Morgen, früh am Morgen. Ich beobachte sie und frage mich ... wann? Manche Leute können sie ignorieren (tiefer Seufzer); ich kann es nicht.
D: *Gibt es in der Nähe irgendwelche Einheiten der Armee, die euch Schutz gewähren könnten?*
K: Sie schießen auf sie. Aber sie behandeln das Ganze fast so, als ob ein großes Spiel stattfände. Als wäre es nichts Ernstes. Ich ... ich verstehe das nicht. (Ich bat ihn, das zu erklären.) Es ist, als würden sie sie erwarten und mit ihren Gewehren drei Schüsse auf sie abgeben und das war's. Es ist, als ob es ihnen egal wäre, ob sie sie treffen oder ob sie vielleicht außer Reichweite sind. Ich weiß es nicht.
D: *Ist das im ganzen Land so?*
K: Ich weiß es nicht. Wir bekommen nicht viele Nachrichten. Das Militär ist derjenige, der die Nachrichten bekommt, und sie erzählen uns nicht viel.
D: *Geht ihr immer noch in die Luftschutzkeller?*
K: Manchmal. Die Menschen, sie ... es ist so alltäglich geworden, dass sie sich keine Sorgen darüber machen. (Er lachte.) Einige Leute sagen, dass sie ihre Uhren nach

den Flugzeugen stellen. (Er wurde ernster.) Ich habe das Gefühl, dass sie damit irgendeinen Plan verfolgen. Sie tun etwas. Ich glaube nicht, dass sie dumm genug sind, dies jeden Tag ohne Grund zu tun. Sie suchen nach etwas oder planen etwas. Ich weiß nicht, was.

D: *Es klingt wirklich seltsam. Ich kann mir vorstellen, dass es zu dem Punkt kommen könnte, an dem man sich nicht mehr wirklich in Gefahr fühlt.*

K: Man ignoriert ihre Existenz, ja. Einige Leute sagen, dass sie genauso empfinden. Sie machen sich keine Sorgen. (Seufzer) Ich mache mir Sorgen. Sie sagen, ich sei ein törichter alter Mann, aber ich mache mir Sorgen.

D: *Machen sich deine Töchter Sorgen?*

K: Sie glauben an das, was man ihnen sagt. Sie sagen, dass die Amerikaner uns nicht bombardieren wollen, oder so etwas ... Ich weiß nicht. Sie sagen, dass sie nicht stark genug seien, um uns zu bekämpfen. Sie sagen, dass der Krieg fast vorbei sei, weil wir nicht mehr gegen sie kämpfen. Wer weiß, ob das stimmt?

D: *Es klingt so, als ob sie einem alles Mögliche erzählen. ... Haben die Enkelkinder Angst?*

K: Nein, sie beobachten die Flugzeuge einfach nur. Sie finden, dass es sehr interessant ist, die Flugzeuge dabei zu beobachten, wie sie überfliegen.

D: *Wie reicht euch das Essen?*

K: Wir überleben immer noch mit dem, was sie uns geben. Ich weiß nicht, woher sie es bekommen. Es ist hauptsächlich Reis. Es ist weniger als gewöhnlich, aber wir kommen immer noch klar. Wenn wir Glück haben, stoßen wir auf dem freien Markt manchmal auf einige Dinge. Brot, Körner und ... das ist es in etwa. Manchmal ziehen wir unsere eigenen Sprossen, wenn wir das Glück haben, die Bohnen zu finden. Wir ziehen sie drinnen mit etwas Wasser und Sonnenlicht und essen sie zusammen mit dem Reis. Gelegentlich haben wir Fleisch, aber nicht sehr oft. Es wird allmählich rar.

D: *Kommt das Fleisch von der Regierung oder vom Markt?*
K: Manchmal von beidem ein bisschen. Manchmal bekommen wir etwas Fleisch mit unseren Rationen, aber wahrscheinlicher ist es, dass wir es von jemandem bekommen, der seine Ochsen oder dergleichen geschlachtet hat.
D: *Du sagtest mir zuvor, dass du auf dem Markt Dinge tauschst. Wogegen tauschst du sie für gewöhnlich ein?*
K: Gegen verschiedene Dinge. Manchmal gegen eine zusätzliche Decke. Manchmal gehe ich raus und suche Obst und Nüsse und solche Dinge. Und dann tauschen wir sie gegen anderes. Alles, was wir in die Hände bekommen können.
D: *Es klingt, als hätte Geld keinen Wert mehr.*
K: Nein, keinen wirklichen Wert. Ich habe schon lange keines mehr gesehen.

Ich fand heraus, dass der Schwarzmarkt während dieser Zeit des Krieges in Hiroshima (und wahrscheinlich in ganz Japan) florierte.

D: *Wie teilen sie euch das Essen zu?*
K: Sie geben es einem bei der Arbeit, für gewöhnlich zweimal pro Woche.
D: *Es ist ein anderes Leben, als du es gewohnt bist.*
K: Ja, viel härter, man ist mehr mit der Realität konfrontiert.
D: *... Und hilfst du dabei, das Essen zuzubereiten?*
K: Ich passe auf meine drei Enkelkinder auf. Sie spielen.
D: *Sie sind ein Segen.*
K: Ja, manchmal lenken sie einen von den Problemen ab, aber dann macht man sich wiederum Sorgen, was wohl mit ihnen passieren wird.

Es hieß jetzt oder nie, also beschloss ich, dass es an der Zeit war, den Sprung zu wagen. Ich holte tief Luft und stürzte mich hinein.

D: Wir werden diese Szene jetzt verlassen und noch einige Wochen weiterrücken. Wir werden bis zum 6. August 1945 weitergehen, und du wirst mir sagen, was du siehst. Denke daran, dass du in das weiße Schutzlicht eingehüllt bist und dein Führer hier ist, um dir zu helfen. Wir lassen nicht zu, dass dir irgendetwas schadet. Alles, was du siehst, ist nur eine Erinnerung, und du kannst mir davon erzählen. Es gibt vieles daraus zu lernen. Aber es wird dich weder geistig noch körperlich in irgendeiner Weise belasten. Wenn du es wünschst, kannst du es jederzeit als ein Zuschauer beobachten.

Als ich Katie bis zu diesem wichtigen Tag vorwärts zählte, änderte sich plötzlich ihre Hautfarbe. Sie wurde weiß wie ein Laken und ihr Körper versteifte sich. Sie schien in einem Zustand der Verwirrung zu sein. Als sie versuchte zu sprechen, kamen nur keuchende Geräusche heraus. Sie hatte große Schwierigkeiten, die Worte zu formen. Der Kontrast zwischen der ehemals langsamen, knappen, abgehackten Sprache des Japaners und dem gegenwärtigen Zustand des Wesens war sehr ausgeprägt. Sie schien sich in einem Schockzustand zu befinden, und als sie es dann schaffte zu sprechen, zitterte ihre Stimme. Manchmal zitterte ihr Körper. Ich hatte noch nie zuvor solch herzzerreißende Emotionen und Schmerzen in einer Stimme gehört. Es kam von irgendwo tief aus ihren unterbewussten Erinnerungen und hatte keinerlei Verbindung zu Katie.

Es war offensichtlich, dass etwas Drastisches passiert war. Ich war mir sicher, dass ich wusste, was es war, aber ich musste weitermachen, als wüsste ich nichts, und musste Nogorigatu seine eigene Geschichte erzählen lassen. Katie atmete tief ein. Ich fragte sie, was gerade geschah.

Sie war endlich in der Lage zu sprechen, wenngleich mit Schwierigkeiten. Die Sätze kamen unzusammenhängend und mit Pausen dazwischen heraus, während Nogorigatu verwirrt nach den Worten für eine Erfahrung suchte, die mit Worten nicht zu beschreiben war.

K: Es gab ... es gab einen großen Blitz. Und dann die Winde ... sie waren wie Feuer. Die Menschen, sie fielen um, und sie ... und sie lagen einfach da, und ... und ... (in der Stimme lag absolute Ungläubigkeit) die Schreie!
D: *Von wo aus beobachtest du das?*
K: Ich war auf dem Markt.
D: *Erzähle mir, wie der Blitz aussah.*
K: Ein blendender, weißer Lichtbogen. Und ... und dann ein großer ... Knall. Und ... und ... eine riesige Wolke. Sie stieg geradewegs nach oben, und ... und ... es erlosch. Und dann fegten die Winde. Sie waren wie Feuer! *Überall sterben die Menschen! WARUM?!*

Es war ein Schrei aus den Tiefen seiner Seele, der mir Schauer über den Rücken jagte.

D: *Was ist geschehen, weißt du es?*

Er brachte keinen Laut heraus. Ich musste Katie beruhigen, in dem Wissen, dass sie sich jeden Moment dazu entschließen könnte, die Sache zu beenden und sich selbst aufzuwecken. Ich sprach besänftigend und liebevoll zu Nogorigatu, denn ich hatte wirklich großes Mitgefühl für diesen Mann entwickelt. „Du kannst darüber sprechen. Es wäre wahrscheinlich sogar wirklich gut, darüber zu reden, denn ich verstehe es, weißt du."

K: Ich kann nicht ... es ist schwer, etwas anderes zu hören als die *Schreie!* Die Leute ... wer rennen kann, rennt. Menschen fallen hin. Manche stolpern einfach herum, halten die Arme ausgestreckt ... (Der Schock entwickelte sich fast zur Panik.) Alles ist weg! Es wurde zerstört! Die Gebäude sind, als hätte es sie nie gegeben! Es ist nichts mehr da! WARUM?!

D: *Bist du allein oder mit deinen Töchtern zusammen?*
K: Ich bin allein. (Verwirrt) Ich weiß nicht, wo irgendwer ist. Alles ist weg! Die Stadt ist, als ob... es kein *Stadtzentrum* mehr gäbe! ES IST WEG! Die Gebäude sind ... *verschwunden*! Es gibt nichts außer Trümmer ... und die *Schreie*.

Selbst während ich diese Worte schreibe, kann ich wieder dieses völlige Entsetzen in Katies Stimme hören.

Ich musste aufpassen, mich nicht selbst darin zu verfangen. Nur wenn ich objektiv bliebe, würde ich sie überwachen und mir Fragen ausdenken können.

D: *Wo befindet sich der Markt?*
K: Er lag ... an einer der Zufahrten zur Stadt. Er ... lag draußen, außerhalb ... des Zentrums.
D: *Du sagtest, die Wolke sei gerade aufgestiegen und dann seien die Winde aufgekommen? War das der Moment, in welchem die Gebäude begannen, zu verschwinden?*
K: Ja, und sie ... die Menschen, sie fielen um. Die Menschen ... starben einfach.
D: *Verschwanden die Gebäude, als die Wolke erschien oder als der Wind aufkam?*
K: Von beidem etwas. Als die Wolke einschlug ... verschwanden einige im selben Moment. Andere warf der mächtige Wind zu Boden. Alle Menschen ... (Er hielt inne, als ob er Schwierigkeiten hätte, Sätze zu beenden.)
D: *Bist du umgefallen?*
K: Ja. ... Es ... gab ein Kreischen. Ich könnte nicht sagen, ob es ... ob es Menschen waren, die kreischten, oder ob es der Lärm war. Ich weiß ... Ich weiß es nicht. Ich weiß nur,

dass ... gerade alle sterben! (Seine Stimme verlor sich in einem schmerzhaften Flüstern.)

Es gab eine Pause, und ich konnte an der Bewegung von Katies Augen unter ihren Augenlidern erkennen, dass Nogorigatu nach unten blickte. Unerwartet platzte er heraus: „Meine ... Hände!" Ich verstand nicht, was er meinte, und er wiederholte: „Meine Hände ... sind schwarz! Sie sind verbrannt!" Er war also nicht nur ein Beobachter dieser Tragödie. Er war ebenso verletzt worden, hatte es aber aufgrund des Schocks über die Geschehnisse bis jetzt nicht bemerkt. Ich gab Katie Suggestionen, dass sie keine körperlichen Beschwerden haben würde, obwohl mir inzwischen von medizinischen Experten erklärt wurde, dass diese Art von Verbrennung so tiefgreifend sei, dass die Nervenenden zerstört werden und es keine Schmerzen gebe, zumindest nicht sofort. Das wusste ich damals nicht, und meine einzige Sorge galt Katies Wohlergehen.

D: Sind deine Hände die einzigen Körperteile, die schwarz aussehen?
K: Nein. Mein ... Gesicht fühlt sich an, als gäbe es nichts ... keine Haut. (Er stöhnte.)

Ich musste dieses abscheuliche Bild aus meinem Kopf verdrängen, wenn ich fortfahren wollte.

Er fragte mit der Stimme eines kleinen verlorenen Kindes: „Was passiert jetzt ... ? Wo werde ich hingehen ... ? Vielleicht ... gibt es andere wie mich, die umherirren. Ich stolpere ... und ich falle hin. Und ich stehe auf und versuche es noch einmal."

D: Glaubst du, dass du den Weg dorthin zurückfinden könntest, wo ihr gelebt habt?
K: Es ist weg. Es ist alles weg. ... Ich muss gehen, aber wohin soll ich gehen?

D: Wohin versuchst du zu gehen?
K: Weg. Raus. Einfach nur weggehen. Fortgehen ... fort von diesem ... Horror.
D: Wo gehen die anderen hin?
K: Diejenigen, die ich sehen kann ... sie sind wie ich ... sie ... stolpern einfach und ... sind verloren.
D: Weißt du, du hast mir zuvor erzählt, dass die Flugzeuge jeden Morgen vorbeikamen. Hast du heute Morgen irgendwelche Flugzeuge gesehen?
K: (Als ob er eben erst gemerkt hätte, dass es eine Verbindung geben könnte.) Ja ... richtig ... direkt davor. Könnten sie ...? Sie ... müssen ... irgendein ... schreckliches Ding ... abgeworfen haben! Wie konnte jemand das tun? Wie? Wissen sie nicht, was sie getan haben? Kümmert es sie überhaupt?

Die Worte waren wie eine verzweifelte Stimme, die in der Wildnis schrie.

D: Glaubst du, dass es einen Zusammenhang gibt zwischen dem, was passiert ist, und den überfliegenden Flugzeugen?
K: (Er war verärgert.) Das wird die einzige Erklärung sein. Sie müssen ... etwas getan haben! (Seine Stimme war von Ungläubigkeit erfüllt.) Sie haben die Stadt getötet! Eine ganze Stadt! Sie ist weg! (Plötzlich stöhnte er.) Ich fühle mich, als ob mein Inneres in Flammen stünde. Alles ist ... es ist ... als ob ... jemand ein Streichholz angezündet und es in mich hineingelegt hätte und es zu einem Leuchtfeuer geworden wäre. Und es lichterloh brennen würde!

Ich reagierte schnell, indem ich ihr Suggestionen gab, dass sie keinerlei Schmerz oder Unbehagen empfinden würde. Experten haben gesagt, dass Nogorigatus Lungen wahrscheinlich durch das Einatmen des unglaublich heißen

Windes verbrannt wurden. Das kommt häufig vor, wenn Menschen Rauch von einem Feuer einatmen. Das Schmerzgefühl könnte durch die erste Schockreaktion verzögert worden sein. Dies ist reine Spekulation, und seine körperlichen Symptome könnten durch tiefe Verbrennungen oder die Strahlung oder etwas anderes verursacht worden sein, das uns nicht bekannt ist.

Katie hätte jederzeit zum Beobachter werden und mir die Szenen beschreiben können, aber anscheinend wollte ihr Unterbewusstsein, dass sie das erlebt. Oder vielleicht dachte ihre eigene Seele, sie müsse sich sehr detailliert daran erinnern. Sie war so von dieser Erfahrung eingefangen, dass sie sich immer wieder über meine Vorschläge hinwegsetzte, objektiv zu bleiben. Ich versuchte, Nogorigatus Aufmerksamkeit von sich selbst und seiner körperlichen Verfassung abzulenken, aber ich hatte keinen Erfolg.

D: *Passieren noch andere Dinge in der Stadt? (Ich dachte an ein Feuer oder etwas Ähnliches)*
K: Nein ... nicht, dass ich wüsste. Ich ... ich ... weiß nicht. Ich kann nichts ... sehen. Das heißt ... ich ... ich ... weiß nicht. Ich ...
D: *Warum? Gibt es zu viele Wirren?*
K: (Langsam) Ich ... kann nicht ... viel sehen ... überhaupt nichts.
D: *Glaubst du, irgendetwas könnte deine Augen beeinträchtigt haben?*

Könnte dies eine verzögerte Reaktion auf die Explosion gewesen sein, oder blockierte er geistig, was er nicht gerne sehen wollte?

K: Ich ... ich ... weiß nicht. Alles, was ich weiß, ist ... ist Schmerz und Verwirrung und das *Grauen. WARUM?!*

Es war offensichtlich, dass er sich nicht von den Emotionen der Geschehnisse lösen konnte. Ich bin kein Sadist; ich wollte ihn nicht leiden lassen, nur um diese entscheidende Geschichte zu erhalten. Ich beschloss, Katie von der Szene zu entfernen und sie etwa eine Woche in die Zukunft zu versetzen. Zu diesem Zeitpunkt dachte ich, der Japaner sei tot und könne von der geistigen Ebene aus auf dieses Leben zurückblicken und mir mehr darüber erzählen. Ich irrte mich.

K: (Die Stimme war sehr leise.) Ich bin ... in einem Gebäude. Sie haben ... es sind Leute gekommen. Sie kümmern sich um diejenigen von uns, die im Sterben liegen.

Der alte Japaner war also zäher, als ich vermutet hatte. Er hatte es geschafft, eine Woche lang zu überleben, sogar mit den Verbrennungen und der Strahlenvergiftung. Es passte auch zu Katies spontanen Erinnerungen an sein Leben. Sie hatte das Gefühl, dass er nicht sofort gestorben war, sondern noch etwa neun Tage fortlebte.

D: *Gibt es dort viele Menschen?*
K: Es gibt *Hunderte* von Menschen ... die langsam sterben. Das wissen wir. (Er klang, als hätte er sich mit einer hoffnungslosen Situation abgefunden.) ... Sie sagten, es sei eine Bombe gewesen. Die Amerikaner. Sie haben eine Bombe abgeworfen.
D: *Ist es möglich, dass eine einzige Bombe all das angerichtet haben konnte?*
K: Ich weiß nicht, wie. (Flüstern) ... Ich weiß nicht, wie. Alles, was ich weiß, ist Tod und Schmerz ... sie sind meine Gefährten. (Seine Stimme brach zusammen.) Es ist schrecklich ... dass jemand sich etwas so Furchtbares ausdenken konnte. (Keuchen)
D: *Was ist mit deinen Töchtern? Hast du sie irgendwo gesehen?*

K: (Seine Stimme war ein schmerzhaftes Flüstern.) Nein, sie sind wahrscheinlich tot. Meine Enkelkinder! (Er schluchzte bei diesem Wort.) Alle tot. ... Es ist eine Gnade, gleich gestorben zu sein und nicht weiterzuleben.

D: *Gibt es da Ärzte oder Krankenschwestern?*

K: Ja, aber sie können nichts tun. (Seine Stimme war so voller Verzweiflung.) Sie ... versuchen einfach, uns etwas gegen die Schmerzen zu geben. Ich weiß nicht, was es ist. Es hilft etwas, aber ... nicht viel ... nicht viel.

D: *Es klingt, als hätten sie ein Gebäude zu einem Krankenhaus umgestaltet.*

K: Ja. Und alles, was man hört, sind die Schreie ... und Menschen, die sterben. Die *Kinder!* (Er schluchzte wieder bei diesem Wort.) Alle. ... Sie warten nur auf uns ... wir werden alle sterben.

Ich habe gehört, dass unsere Flugzeuge im Voraus Flugblätter abgeworfen haben sollen, um die Menschen zu warnen, aus der Stadt zu fliehen. Ich fragte mich nun, ob das stimmte.

D: *Ich habe gehört, dass die Amerikaner versucht haben, dein Volk davor zu warnen, dass dies geschehen würde. Hast du irgendjemanden so etwas sagen hören?*

K: Ich weiß nicht. Ich ... weiß nicht. ... Es kann sie nicht interessieren. Wie konnten wir an einen solchen Punkt kommen, an dem jemand dies tun wollte? Überhaupt daran zu *denken*, so etwas zu tun? Wie konnte das jemand?

Es war sehr schwer für ihn, zu sprechen, und gelegentlich keuchte er die Worte.

D: *Ich weiß es nicht. Es ist schwer zu verstehen. Es ist schwer zu glauben, dass das passieren konnte. Okay, ich denke, es ist an der Zeit, dass wir diese Szene verlassen. Verlasse diese Szene mit all ihrem Schmerz und all ihrem*

Leid und belasse sie in der Vergangenheit, wo sie hingehört. Wir werden uns von ihr entfernen.

Die Veränderung bei Katie kam unmittelbar. Ihr Körper entspannte sich und die Farbe kehrte in ihr Gesicht zurück. Es war, als ob ich einen Schalter umgelegt hätte.

D: *Du bist ein sehr sensibler und mitfühlender Mensch, und wir wollen nichts von diesem Schmerz und diesem Leid ans Licht bringen. Wir werden es in der Vergangenheit lassen, wo es hingehört. Ich möchte dir sehr danken, dass du mir davon erzählt hast und darüber gesprochen hast. Denke daran, was du erlebt hast, ist nur eine Erinnerung. Es geschah vor langer Zeit. Es wird dich weder geistig noch körperlich quälen. Es wird dich niemals wieder quälen, weil du jetzt verstehst, woher es kommt und wohin es gehört.*

Ich war von einer tiefen, stillen Traurigkeit erfüllt. Nogorigatus Tod war so traumatisch gewesen, dass ich es nicht ertragen konnte, Katie damit als letzter Erinnerung in ihrem Unterbewusstsein aus der Hypnose zu holen.

Die Veränderung in ihr war offensichtlich und ich wusste, dass sie diese Tortur unbeschadet überstanden hatte und dass sie beim Erwachen keine Erinnerung an diese Erfahrung haben würde. Aber ich spürte, dass es nur anständig und fair wäre, sie vor dem Erwachen in eine glücklichere Zeit zu versetzen. Ich hatte auch das Gefühl, dass ich es dem alten Mann schuldig war, den ich kennen- und respektieren gelernt hatte. Es war mein Abschied, meine Lobrede auf ihn. Oder tat ich es für mich selbst? Ich werde es nie wissen, ich wusste nur, dass ich sie nicht guten Gewissens aus solch seelischer Verzweiflung in einen Wachzustand bringen konnte.

D: Gehen wir zurück in das Jahr 1930, zurück in eine glücklichere Zeit, zu einem glücklicheren Tag.

Die Stimme änderte sich sofort von dem schmerzgeplagten Stöhnen des sterbenden Japaners hin zu einer jüngeren und lebendigeren.

K: Ich arbeite an meinen Töpfen. Ich habe sie aus dem Brennofen genommen und sie kühlen ab.

Welcher Zeitpunkt wäre besser dafür geeignet, zurückzukehren? Eine Zeit, in der die Welt noch friedlich war und er an seinen Töpfen arbeitete, was ihn stets mit viel Stolz erfüllte.

K: Sie sind sehr schön. Jeder ist auf seine eigene Weise einzigartig. Ich lasse Sorgfalt walten bei meiner Arbeit. Meine Liebe drückt sich in jedem Stück aus, das ich mache.

D: (Ich empfand ein solches Mitleid für diesen Mann.) Du leistest gute Arbeit und bist stolz darauf. Du verkaufst sie und die Leute kaufen sie, und das zeigt, dass sie etwas wert sind.

Ich entspannte mich und fühlte, wie sich eine Ruhe über den Raum legte. Ich wusste, dass alles in Ordnung sein würde. Mein japanischer Freund würde endlich den Frieden finden, nach dem sich seine wiedergeborene Seele gesehnt hatte. Er hatte die Mission erfüllt, die er begonnen hatte, als die verborgenen Erinnerungen im Geist von Katie aufgetaucht waren. Endlich war er rehabilitiert worden. Sein Tod war nicht vergebens.

D: Wo ist die Familie?

K: (Sie lächelte.) Meine Söhne sind auf dem Feld und meine Frau ist im Haus und arbeitet. Und ich arbeite an meinem ... Werk.
D: *Und es ist ein glücklicher Tag, nicht wahr? Eine glückliche Erinnerung.*
K: Ja, ich bin sehr zufrieden. Zu wissen, dass meine eigenen Hände etwas von Schönheit geschaffen haben, ist sehr befriedigend.

Ich konnte abermals sehen, wie der jüngere Nogorigatu heimlich und seinem Vater zum Trotz seine geliebten Tierchen schuf ...

D: *Du kreierst auch gerne die kleinen Figuren, nicht wahr?*
K: (Sie lächelte) Ja.
D: *Die kleinen Tierchen. Ah, das ist eine sehr gute Sache, denn darauf bist du stolz. Und dies ist ein glücklicher Tag. Behalte die glücklichen Erinnerungen. Verweile nicht bei den schlechten Zeiten. Erinnere dich an die glücklichen Tage; stimmst du nicht zu?*
K: Ja, sie sind es, die die Erinnerungen reifen lassen, wenn man auf sie zurückblicken und lächeln kann.
D: *Ja, denke an die guten Zeiten, und die schlechten Zeiten werden sich von selbst erledigen. Das klingt nach etwas, das du auch sagen würdest, nicht wahr?*

Mein Herz hatte sich mit ihm verbunden. Ich hatte seinen Schmerz und seine Trauer gespürt, und es schien nur fair, dass ich ihn an denselben Ort bringen konnte, an dem ich ihn vorgefunden hatte, als er an seinen Töpfen arbeitete. So konnte ich ihn mit der Erinnerung an eine glücklichere Zeit verlassen, bevor die Welt verrückt geworden war. Ich wusste, dass ich niemals Ruhe haben würde, bevor seine Geschichte nicht zu Papier gebracht und dem Rest der Welt erzählt worden wäre. Ich habe mein stilles Versprechen an ihn erfüllt.

Später sollten mir noch weitere Fragen zu den Bombenangriffen einfallen, die ich gerne beantwortet bekommen hätte. Aber ich hielt auch mein Versprechen an Katie. Ich sagte, wir würden es nur einmal untersuchen. Wir sind nie wieder darauf zurückgekommen. *Lieber Gott!* Einmal war genug!

In späteren Sitzungen erfuhr ich, dass sie nach dem traumatischen Tod in Hiroshima für eine Weile die geistige Ruhestätte auf der anderen Seite betreten hatte. Dies ist ein besonderer Ort, der für Todesfälle wie diesen reserviert ist. Sie hatte das Gefühl, dass sie durch den schleichenden Tod, den sie durchlebt hatte, eine Menge Karma losgeworden war. Sie besuchte dann die Schule auf der geistigen Ebene, wo die Meister und Lehrer bei der Auswertung jenes Lebens halfen. Dort befand sie sich, als sie für diese Aufgabe sowie den Seelentausch mit dem Wesen, das zuvor Katies Körper besetzt hatte, berufen wurde. (Diese Seinszustände werden eingehender untersucht in meinem Buch *Gespräche mit einem Geist*).

Als ich Katie in der Woche nach der Todeserfahrung von Nogorigatu traf, sagte sie, sie fühle sich großartig. Eine große Last war von ihr genommen worden. Sie wusste ohne den leisesten Zweifel, dass die Erinnerung sie nie wieder belasten würde. Sie war so ekstatisch; wir wussten, dass es all das wert war, was wir gemeinsam durchgemacht hatten, um die Geschichte zu erhalten. Nach dieser Erfahrung fing sie an, sich zu verändern. Während wir fortfuhren zusammenzuarbeiten, begann sie schnell zu reifen.

Kapitel 14

Nachforschungen

SCHLIESSLICH WAREN MEINE SITZUNGEN BEENDET und ich hatte meine Befragungen über das Leben des japanischen Mannes abgeschlossen. Ich hatte die Geschichte des Krieges noch nie von diesem Standpunkt aus gehört ... aber war diese Version wahr? Es war eine völlig neue Art, sie zu betrachten. Hatten es die Menschen wirklich so schwer, Nahrung zu finden? Wurden sie wirklich von ihren eigenen Soldaten unterdrückt? Wurden die Männer gewaltsam in die Armee gezwungen und die Frauen zur Arbeit in die Fabriken gebracht? Es war nun an der Zeit, mit meinen Nachforschungen zu beginnen, um die Ereignisse, wie sie Katie in tiefer Trance präsentierte, zu verifizieren oder zu widerlegen. Diesen Teil genoss ich stets, denn ich liebe es sehr, mich in Bücher zu vertiefen und stundenlang die Bibliothek nach diesem einen schwer greifbaren Stückchen Information zu durchsuchen.

Als ich mit Katie zu arbeiten begann, wusste ich nicht viel über dieses historische Ereignis, obwohl ich zu der Zeit, als es geschah, bereits lebte. Der Durchschnittsmensch jener Tage kannte die Geschichte nur so, wie sie Radio und Zeitungen präsentierten. Nur diejenigen, die ein genügend tiefes Interesse hatten, spürten dem nach und fanden umfassendere Informationen. Der Bombenangriff auf Hiroshima berührte uns nicht persönlich, außer, dass er das Ende des Krieges verkündete.

Es gab großen Jubel und große Freude, als die Japaner kapitulierten. Es kam nie jemandem in den Sinn, dass das Leiden anderer zu diesem Freudenfest geführt hatte. So viele unserer eigenen Männer waren gestorben, wir betrachteten dies als das Ende eines Albtraums, und Amerika freute sich auf die Rückkehr zur Normalität. Wir wussten von dem Bombenangriff, aber er hatte keine stärkere persönliche Verbindung als die Kriegsfilme, mit denen wir in dieser Kriegszeit bombardiert worden waren. Erst später begann das Ereignis wieder in den Nachrichten zu erscheinen, als das Thema Radioaktivität verstanden wurde und seine tödlichen Auswirkungen untersucht wurden. Es wurde dann als schwarzer Fleck in unserer Geschichte bezeichnet. Die Menschen fragten sich, wie wir als eine so humane Nation diese schreckliche Sache getan haben konnten. Die durch dieses Ereignis ausgelöste Kontroverse hallt seit jenem Tag im Jahr 1945 über alle Zeiten hinweg nach.

Diese Dinge bekamen für mich erst einen persönlichen Bezug, als ich sie durch Nogorigatu aus erster Hand erfuhr. Als ich mit meinen Recherchen begann, kannte ich also nur die grundlegenden Fakten und die dürftigsten Informationen. Ich dachte, es werde eine einfache Untersuchung sein, weil es sich um ein so junges historisches Ereignis handelte. Ich musste nur Berichte über den Krieg und die Bombenangriffe finden und schauen, ob Nogorigatus Geschichte mit den Berichten anderer übereinstimmte.

Stattdessen stellte ich fest, dass sowohl Japan als auch die USA nur recht wenige Nachforschungen über die Erlebnisse der *Menschen* am Tag des Bombenabwurfs angestellt haben sowie über die Nachwirkungen, die sie erlitten. Es wurde eine

Menge über die moralischen Auswirkungen unseres Handelns geschrieben--über die Herstellung von und das Experimentieren mit der Bombe und über das Für und Wider zwischen unserer eigenen Regierung und den Wissenschaftlern in der Zeit vor dem Bombenangriff. Auch viel über den Flug der „Enola Gay", der B-29, die die Bombe abgeworfen hat, und über Commander Tibbetts, den Piloten des Flugzeugs. Aber über die Menschen und ihre Erlebnisse ist herzlich wenig geschrieben worden, es sei denn, es wurde von einem klinischen und lehrbuchmäßigen Standpunkt aus und ohne jegliche Emotionen getan. Es gibt die Bücher *Hiroshima* von John Hersey und *Hiroshima Diary* (z. Dt.: Das Hiroshima-Tagebuch, *Anm. d. Übersetzers) von M. Hacbiya, die auf persönlichen Erfahrungen beruhen. Sie sind zu Klassikern geworden und sind Buchquellen für jeden, der Untersuchungen über dieses komplizierte Thema anstellt.

Viele Forschungsprojekte wurden kurz nach dem Krieg begonnen, wurden aber wieder aufgegeben, als sich das Ausmaß des ganzen Schreckens des Ereignisses anfing, zu offenbaren. Diese Forscher waren immerhin menschlich. Das *Buch Death in Life* (z. Dt.: Tod im Leben, *Anm. d. Übersetzers) von Robert J. Lifton ist einzigartig, weil es das erste Mal war, dass ein Psychiater die emotionalen Auswirkungen auf Überlebende untersuchte, und es wurde 20 Jahre nach dem Ereignis geschrieben. Er stellte fest, dass die Menschen nur ungern mit Amerikanern sprachen, weil sie Angst hatten, dass wir jede Information nutzen würden, um noch größere und bessere Waffen herzustellen.

Der Autor dieses Buches berichtete, dass er den Widerwillen anderer Ermittler verstehen konnte, ihre Projekte abzuschließen, weil er sich schließlich selbst emotional von den gehörten Horrorgeschichten abschotten musste. Nur so konnte er objektiv bleiben und Informationen sammeln. Das war dasselbe Problem, das ich hatte: Man darf sich nicht in der Geschichte verfangen und sich emotional auf sie einlassen. Man könnte dies mit anderen, ebenso emotional aufgeladenen Kriegsereignissen vergleichen, wie zum Beispiel dem jüdischen Holocaust. Das sind Dinge, die die menschliche Seele empören und zurückstoßen. In den letzten Jahren gab es eine Kampagne zur Leugnung, dass der Holocaust jemals stattgefunden hat. Das Gleiche ist, wenngleich in geringerem Maße, mit der Atombombe geschehen. Sie können nicht leugnen, dass es passiert ist, also wird es verharmlost und vertuscht. Vielleicht wollen die Menschen nicht gerne glauben, dass sie wirklich zu solchen abgrundtiefen Gräueltaten und Grausamkeiten gegenüber ihren Mitgeschöpfen fähig sind.

Meine Recherchen enthüllten eine erstaunliche Genauigkeit, indem Katies Bericht Punkt für Punkt seine Richtigkeit bewies. Mir laufen immer noch kalte Schauer den Rücken hinunter, wenn ich auf ein Stückchen Information stoße (egal wie klein), das etwas von einer Hypnose-Rückführung bestätigt. Die Geschichte begann zutage zu treten. Der Kaiser hatte den Krieg nicht gewollt, es war das Militärregime des Landes, welches dies herbeigeführt hat. Ich sehe ihn, ähnlich wie die Königin von England, als eine reine Galionsfigur, während die Regierung eigentlich vom Kabinett oder vom Parlament geführt wurde. Es war, wie Nogorigatu sagte, ein General, der die machthungrige Entscheidung traf. Nachdem der Krieg begonnen hatte, wurde Japan zu einem siegesfanatischen Land. Selbst als das japanische Volk zu leiden begann, gab das Militär nicht nach. Die Führer versuchten, das Volk davon zu überzeugen, dass alles gut werde, wenn sie nur durchhielten.

Die Blockaden, Bombenangriffe und Unterbrechungen der Versorgungs- und Handelswege hatten ihre Auswirkungen auf das Land. Gegen Ende des Krieges wurden sogar die Schülerinnen und Schüler der Schulen und Hochschulen in

Zwangsarbeit geschickt, um bei den Kriegsanstrengungen zu helfen. Die Notwendigkeit von mehr Flugzeugen war das vornehmliche Ziel der Regierung. Sie wurden wegen der fehlenden Luftwaffendeckung besiegt. Die Versorgungsschiffe konnten ohne Schutzflugzeuge nicht zu den Inselstützpunkten durchkommen. So wurde die Bevölkerung dazu angespornt, mehr Flugzeuge, Geschütze und Kriegsmaterial herzustellen und die Produktion von Lebensmitteln und Kleidung völlig zu vergessen. Die Regierung glaubte, wenn sie nur mehr Flugzeuge produzieren könnten, würden sie den Krieg gewinnen. Aber dann schufen die Unterbrechung der Versorgungswege und unsere Bombardierung von Zugstrecken noch mehr Probleme. Die Rohstoffe konnten nicht zu den Fabriken befördert werden.

Es ist eine Tatsache, dass es viele Fabriken in Hiroshima gab- -dies war einer der Hauptgründe dafür, es als Bombenziel ins Auge zu fassen. Diese Fabriken arbeiteten hart und versuchten, Vorräte und Ausrüstung für die Armee zu produzieren, damit diese im Falle eines Angriffs ihr Heimatland verteidigen kann. Der Durchschnittsbürger wusste in diesen letzten Tagen nichts von den schwindenden Rohstoffvorräten. Die Stadt war ein wichtiger Truppenlandungsplatz und ein wichtiger Schifffahrtshafen gewesen.

Nun waren die einzigen Truppen in Hiroshima zur Verteidigung der Stadt, und der einst geschäftige Hafen war tot, weil amerikanische Flugzeuge so viele Minen in die küstennahen Gewässer geworfen hatten.

Es gab eine strenge Kriegszensur, die die meisten Nachrichten über den Krieg vom Volk fernhielt. Es stimmt auch, dass es in den letzten Tagen vor dem Bombenabwurf in Hiroshima zu Lebensmittelknappheit und abnehmenden Lebensmittelrationen kam. Die Schwarzmärkte florierten in dieser Zeit rege. Sie tauchten auf, um den Tauschhandel von Waren gegen benötigte Lebensmittel und Güter des täglichen Bedarfs abzuwickeln. Die „Dinge" waren wichtiger (wie Nogorigatu sagte), und der offene Handel war die einzige Möglichkeit, etwas anderes als nur das Notwendigste zu erhalten. Geld wurde für spätere Zeiten gehortet, wenn es wieder seinen Wert erreichen würde. Reis war Japans wichtigste Anbaupflanze, aber er wurde so teuer, dass einige der Bauern es sich nicht leisten konnten, ihn zu essen. Wie wir in unserer Geschichte gesehen haben, durften viele der Bauern ihn aufgrund von grober Misswirtschaft nicht anbauen. Japan importierte zusätzliche Nahrungsmittellieferungen aus dem besetzten Thailand und dem französischen Indochina, und diese Versorgungswege wurden während dieser Monate 1945 durch die Blockade der US-Marine abgeschnitten.

Es war eine Tatsache, dass sich die Lebensmittelsituation in der Stadt verschärft hatte und die Zahl der Lebensmitteleinzelhändler drastisch zurückgegangen war. Zitat aus *No High Ground* (z. Dt.: Kein hohes Gelände, *Anm. d. Übersetzers), von F. Kriebel und C.W. Bailey II:

„Der Durchschnittsbürger weiß vielleicht nur, dass seine Reis-Ration kleiner war oder dass das Lebensmittelgeschäft an der Ecke geschlossen wurde, weil es wenig oder nichts zu verkaufen hatte. Aber das japanische Kabinett wusste mehr. Eine offizielle Studie vom Juni hatte vorausgesagt, dass der Mindestbedarf an Reis, um die Menschen ausschließlich für ihren Eigenbedarf zu versorgen, 1945 die Versorgung um ganze 14 Millionen Tonnen übersteigen würde. Man fügte hinzu, dass die ersten düsteren Anzeichen des Hungersterbens bereits anfingen, in den stärker isolierten Teilen Japans aufzutreten."

Nogorigatu's Farm könnte in einem solchen Abschnitt gelegen haben.

Als die Amerikaner als Besatzungstruppe nach Japan kamen, fanden sie die Menschen fast auf das Niveau einer Hungerkur reduziert vor. Es schien, dass das düstere Bild, das Nogorigatu über die Zustände in seinem Land gemalt hatte, wahr war; er hatte nicht übertrieben. Das Land zerfiel in der Tat innerlich, im Begriff, zu verhungern, und von falschen Siegeshoffnungen angespornt.

Da es in der Geschichte der Menschheit noch nie etwas der Atombombe Vergleichbares gegeben hatte, gab es nichts, was die Menschen in Hiroshima auf das vorbereiten konnte, was auf sie zukommen sollte. Sie erwarteten natürlich konventionelle Bombenangriffe, wie sie überall in ihrem Land stattfanden. Nogorigatu sagte, dass sie den Kampffliegern beim Überflug zusahen und sich nicht fragten, „ob", sondern „wann".

Die Militärbehörden waren ebenfalls besorgt und befahlen aus Angst, es könne jeden Moment ein Angriff kommen, die Zerstörung von Häusern, um in der ganzen Stadt Feuersperren und Feuergassen zu schaffen. Die Armee befahl den in Arbeitsbataillone eingezogenen Menschen, diese Arbeit zu verrichten. Frauen und ältere Schulkinder wurden für den Abriss von Häusern in große Gruppen eingeteilt. Sie wurden angewiesen, fast 70.000 Wohnstätten zu zerstören, in der Hoffnung, die Stadt im Falle von Brandbombenangriffen, wie sie in ganz Japan stattgefunden hatten, zu retten. Alle körperlich gesunden Mädchen in den weiterführenden Schulen wurden angewiesen, sich dieser „freiwilligen" Arbeitsgruppe anzuschließen, und Jungen wurden zur Arbeit in den Fabriken der Stadt eingezogen. Viele lebten in Schlafsälen bei den Fabriken, und der Unterricht wurde täglich gehalten, bevor die Schüler zur Arbeit gingen. Dies sind Beispiele dafür, wie die Menschen gewaltsam zur Arbeit gezwungen wurden, wie von Nogorigatu beschrieben. Es ist nicht allzu weit hergeholt zu glauben, dass es stimmte, dass auch seine Schwiegertöchter gegen ihren Willen in den Fabriken arbeiten mussten. Dies schien das bestehende Muster zu sein.

Aufgrund der Zerstörung von Häusern, um die Feuersperren und Feuergassen zu schaffen, wurden in fünf Massenevakuierungen über 90.000 Menschen angewiesen, die Stadt zu verlassen. Aber aus unserer Geschichte können wir erkennen, dass dies in beide Richtungen funktionierte; andere kamen wohl in die Stadt, um Nahrung und Arbeit zu finden. Die Behörden machten sich Sorgen über den Zustrom nicht autorisierter Evakuierter, und Mitte des Sommers besetzten Soldaten die wichtigsten Stadtausfahrten und wiesen diejenigen zurück, deren Abreise von den Behörden nicht genehmigt worden war. Dies würde erklären, warum Nogorigatu zu dieser Zeit nicht mehr in der Lage war, zu seiner Farm hin- und herzureisen. Er sprach auch davon, dass Menschen auf den Straßen angehalten und ausgefragt wurden. Er sagte, dass es zu dieser Zeit eine Menge Spannungen und Misstrauen gab.

Die Behörden wussten, dass Hiroshima sicherlich an die Reihe kommen würde, und sie wollten vorbereitet sein. Natürlich konnten sie unmöglich wissen, dass es keine Möglichkeit der Vorbereitung auf das geben würde, was kommen sollte.

Während fast jede andere Städtezone Japans durch die von den B-29-Fliegern abgeworfenen Brandbomben abgebrannt worden war, war Hiroshima seltsamerweise verschont geblieben. In dreieinhalb Jahren Krieg hatte es nur 12 feindliche Raketen gegeben. Zwei kleine Bomben wurden im März 1945 von einem Flug von U.S. Navy Raiders abgeworfen, und sechs Wochen später warf eine einzelne B-29, die unfähig war, ihr Hauptziel zu erreichen, zehn Bomben auf ein abgelegenes Gebiet ab. Bei diesen Vorfällen wurden etwa ein Dutzend Menschen getötet.

Erstaunlicherweise sind diese Fakten identisch mit dem, was Nogorigatu sagte, als ich ihn im Juli 1945 befragte. Er sagte: „Es gab Bombenangriffe rund um die Stadt ... zwei außerhalb gelegene Fabriken wurden getroffen. Keine ernsthaften Schäden, ein paar Tote." So flogen feindliche Flugzeuge Tag und Nacht über die Stadt und lösten ständigen Luftangriffsalarm aus, aber sie flogen woandershin weiter. Hiroshima schien vergessen zu werden.

Als die Menschen allmählich erkannten, dass ihre Stadt eine der wenigen noch verbliebenen Großstädte in Japan war, die nicht schwer bombardiert worden war, kursierten viele seltsame und oft humorvolle Gerüchte, die zu erklären versuchten, warum die Stadt verschont wurde. Viele davon waren weit hergeholt, aber sie dienten nur dazu, zu veranschaulichen, wie besorgt die verwirrten Menschen um eine Erklärung rangen. Viele versuchten, es zu ignorieren und ihr Leben weiterzuführen, aber andere wussten, dass etwas nicht stimmte, und sie hatten das Gefühl eines drohenden Untergangs, während sie sich fragten, was die Amerikaner mit ihnen vorhatten. Doch viele wussten, dass die Situation nicht normal war, und sie scherzten, dass Hiroshima vielleicht nicht auf den amerikanischen Landkarten vorkam.

Zitat aus *Death in Life:*

„Viele benutzten das japanische Wort ‚bukimi', was so viel bedeutet, wie gruselig, grauenhaft oder unheimlich, um Hiroshimas unbehagliche Kombination aus anhaltendem Glück und der Erwartung einer Katastrophe zu beschreiben. Die Menschen erinnerten sich daran, dass sie sich gegenseitig sagten: ‚Wird es morgen sein oder übermorgen?'"

Das war die Atmosphäre, die Nogorigatu beschrieb. Ein weiteres Zitat aus *No High Ground:*

„Es gab Leute in Hiroshima, die sich selbst als die ‚Intellektuellen' beschrieben, die sich fürchteten, wenn sie nachts wach lagen und den Flugzeugen über den Köpfen lauschten, dass die Yankees sie für ein besonders schreckliches Schicksal aufsparten."

Sie hatten sich damals den makaberen Grund für ihr Glück nicht vorstellen können.

Amerikanische Geheimdienstmitarbeiter waren sich einig, dass, um einen größtmöglichen Eindruck auf die japanische Regierung zu machen, die Atombombe über einer relativ unberührten Stadt explodieren sollte. Es gab nicht mehr viele, aus denen man wählen konnte, da unsere konventionellen Bombenangriffe bereits Hunderte von Quadratkilometern der japanischen Großstädte in Trümmer gelegt hatten. Hiroshima war einer der ausgewählten Standorte und wurde bei den regelmäßigen Bombenangriffen in Vorbereitung auf den A-Bomben-Test auf Anordnung ausgelassen.

Bislang war die Stadt noch unberührt und die Luftangriffswarnungen waren so häufig geworden, dass die Menschen in ein falsches Sicherheitsgefühl eingelullt wurden. Sie flohen nicht mehr jedes Mal, wenn der Alarm ertönte, in die Sicherheit der Luftschutzkeller. Es handelte sich um einen Fall von „einmal zu oft die Pferde scheu machen". Es stimmte, was Nogorigatu sagte, die Menschen hatten sich so sehr daran gewöhnt, dass sie ihre Uhren nach den Flugzeugen stellen konnten, die jeden Morgen zur gleichen Zeit überflogen. Diese waren eigentlich

Wetterflugzeuge, die den Bombern vorausflogen. Ihre Aufgabe war es, per Funk die Wetterbedingungen zu übermitteln und die Bomber damit zu den besten Zielen zu leiten. Und Hiroshima hatte bis zu diesem schicksalhaften Tag nicht auf der Liste gestanden.

Ich fand auch heraus, dass, obwohl Flugblätter über Japan abgeworfen wurden, die die Bevölkerung vor konventionellen Bombenangriffen warnten, Hiroshima in keinster Weise vor dem bevorstehenden Atombombenangriff gewarnt wurde. Es war das bestgehütete Geheimnis des Krieges.

Es hatte in den frühen Morgenstunden des 6. August 1945 zwei Alarme gegeben, welche die Bewohner dazu veranlasst hatten, zu den Luftschutzkellern hin- und wieder wegzurennen. War es also ein Wunder, dass die Mehrheit die Alarme ignorierte und versuchte, ihrem Alltag nachzugehen? Nachdem sie in der Nacht zweimal bei den anderen beiden Alarmen aufgestanden waren, schenkten die meisten Menschen dem Alarm gegen 07:00 Uhr morgens nur noch wenig Beachtung. Es war eine einzelne B-29, die sehr hoch flog. Es schien derselbe Flugzeugtyp zu sein, an dessen Überflug zu dieser Morgenstunde sie sich so sehr gewöhnt hatten. Er überflog die Stadt zweimal und flog dann aufs Meer hinaus, und die Entwarnung ertönte gegen 07:30 Uhr. Sie konnten nicht wissen, dass dieses Flugzeug die „Straight Flush" war, das Wetterflugzeug, das der „Enola Gay", dem Bomber, der die erste Atombombe der Welt abwerfen sollte, vorausging. Aus Aufzeichnungen geht hervor, dass kein Alarm ausgelöst wurde, als Tibbets' Flugzeug kurz danach gegen 08:00 Uhr morgens über die Stadt flog. Die Entwarnung war erst eine halbe Stunde zuvor gegeben worden, so dass die Stadt eine frühmorgendliche „Rush Hour" erlebte, während der die Mehrheit der Bevölkerung draußen war, als die Bombe abgeworfen wurde.

Die Bombe explodierte vollständig am Zielort mit dem Kraftäquivalent von 20.000 Tonnen TNT bei einer Temperatur von 555000 °C im Zentrum des Feuerballs, fünfhundertfünfzig Meter in der Luft in der Nähe des Zentrums einer flachen, hauptsächlich aus Holz gebauten Stadt. Es war, als ob ein Stück der Sonne mit ihrer unglaublichen Hitze die Erde ergriffen hätte.

In dem Buch *No High Ground* gibt der Autor eine sehr gute Illustration von der Stadt Hiroshima. Es war eine Stadt mit vielen Flüssen und Brücken (wie Nogorigatu es so treffend beschrieb), und der Stadtkern lag auf den Grundstücken zwischen diesen Brücken. Der Autor verglich sie mit den ausgestreckten fünf Fingern der linken Hand--auf diese Weise wurde die Stadt angelegt--wobei die Finger die Stadt und die Zwischenräume die Flüsse darstellten, die ins Meer flossen. Die Stelle, an der normalerweise der Trauring an dieser Hand getragen wurde, stellte den Ort dar, an dem sich das Bombenzentrum oder das Epizentrum befand. Das Epizentrum (manchmal auch als Hypozentrum bezeichnet) konnte durch die Art der Zerstörung bestimmt werden. Die riesigen Steinsäulen, die den Eingang des Chirurgischen Krankenhauses von Shima flankierten, wurden von der Wucht der Explosion geradewegs in den Boden gerammt, und so wurde diese Stelle später zum Zentrum erklärt. Wäre das Epizentrum an einer der beiden Seiten dieses Gebäudes gewesen, wären die Säulen umgeblasen und nicht geradewegs nach unten getrieben worden.

Die Abfolge der Ereignisse, die von sich weiter vom Zentrum entfernt aufhaltenden Überlebenden beschrieben wurden, lautete: ein blendender Lichtblitz und im selben Moment das Gefühl brennender Hitze. Dann, einige Sekunden später, ein gewaltiger „Knall" und ein heftiger Luftstrom, gefolgt von zerschmetternden Geräuschen. Dann sahen sie eine riesige

Wolkenmasse, die sich ausbreitete und schnell in den Himmel stieg. Dort blieb sie horizontal hängen und nahm die Form eines monströsen Pilzes an, mit dem unteren Teil als ihrem Stiel oder, wie eine Person es beschrieb, „mit dem Schwanz eines Tornados".

Die Überlebenden dachten sich später einen Spitznamen für die Bombe und das Ereignis aus: „Pikadon". Das bedeutet „Blitzschlag" und war ihre Definition dessen, was geschah, je nachdem, wo sich die Menschen zum Zeitpunkt der Explosion befanden. Manche, die sich näher am Epizentrum befanden, erinnerten sich nur an den Lichtblitz oder „Pika". Diejenigen, die weiter entfernt waren, sahen den Blitz und hörten auch den lauten Knall oder „Don". Je nachdem, wo sie sich zum Zeitpunkt des Bombenabwurfs befanden, sprechen sie also von dem „Pika" oder dem „Pikadon".

Dies alles entspricht Nogorigatus Beschreibung der Abfolge der Ereignisse mit bemerkenswerter Genauigkeit. Er befand sich auf dem Markt, als die Bombe fiel, einem Ort, der viele glückliche Erinnerungen für ihn bereithielt. Gewohnheit, Vertrautheit und vielleicht die Sehnsucht nach seiner alten Lebensweise zogen ihn dorthin. Da er sowohl den Blitz sah als auch den Knall hörte, war dies ein Beweis dafür, dass er weiter von der Explosion entfernt war. Er sagte, der Marktplatz befinde sich am südlichen Stadtrand, wo eine der Landstraßen hineinführte. Landkarten zeigen, dass dies wenige Kilometer vom Epizentrum gewesen sein muss.

Die Auswirkungen dieser Bombe waren so aufschreckend, dass es überwältigend und beinahe unmöglich zu begreifen ist. Zuerst kam die Hitze, die den Hauptteil der Stadt in einen gigantischen Ofen verwandelte. Sie hielt nur einen Augenblick an, war aber so intensiv, dass sie Metall, Stein und Dachziegel schmolz. Sie verbrannte buchstäblich alle Menschen in der Nähe des Epizentrums so vollständig, dass nichts außer ihren Schatten übrig blieb, die bis in alle Ewigkeit in die Asphaltbeläge oder Steinmauern eingebrannt wurden. Das war eine weitere Methode, den Ort des Epizentrums zu bestimmen, indem man den Neigungswinkel dieser Schatten maß. Dies müsste am Explosionszentrum gewesen sein, aber auch jenseits dieses Punktes traten viele Todesfälle durch schwere Verbrennungen auf. Nackte Haut wurde bis zu einer Entfernung von 4 Kilometern verbrannt. Die Muster der Kleidungsstücke der Menschen wurden von der Hitze in die Haut eingebrannt und eingeätzt. Diejenigen, die draußen im Freien erwischt wurden, erlitten schwere Verbrennungen, weil sie nichts hatten, um sich gegen die Strahlen abzuschirmen. Genau das muss auch mit Nogorigatu passiert sein. Unser japanischer Freund sagte, dass er sich draußen im Freien aufhielt, auf dem Marktplatz, wo er ungeschützt war. Gemäß den von ihm erlittenen Verletzungen und gemäß der Tatsache, dass er nicht sofort starb, wäre dies bei seiner Entfernung vom Epizentrum völlig stimmig gewesen. Viele andere Menschen, die der Explosion nicht direkt ausgesetzt waren und anscheinend überhaupt nicht verletzt wurden, starben später an der Strahlenkrankheit, die ihre weißen Blutkörperchen zerstörte.

Unmittelbar nach der Hitze kam die Druckwelle, die mit der Kraft eines *800 km/h starken Windes* vom Feuerball weg nach außen fegte. Diese Kraft ist für unseren menschlichen Verstand unbegreifbar. Man könnte sie mit etwa der fünffachen Zerstörungskraft eines normalen Hurrikans vergleichen. Es gab ein Gebiet der vollständigen, totalen Vernichtung über etwa drei Kilometer in alle Richtungen. Praktisch alle Gebäude innerhalb eines Radius von fünf Kilometern in allen Richtungen oder ungefähr bis zur gesamten Stadtgrenze wurden zerstört. Tausende wurden augenblicklich durch herumfliegende Trümmer und einstürzende Gebäude getötet. Diejenigen, die weiter vom Epizentrum entfernt waren und in Stahlbetongebäuden

Schutz fanden, hatten den besten Schutz. Das einzige, was übrig blieb, waren ein paar Bürogebäude, die speziell erdbebensicher gebaut worden waren, aber ihre Dächer wurden herniedergerissen und die Innenräume zerstört. Andere Dinge, die keinen Widerstand boten, wie Brücken, Strommasten usw., blieben stehen. Die Druckwelle folgte der Hitze derart schnell, dass sie für viele gleichzeitig aufzutreten schien.

An Tausenden von Orten auf einmal begannen sofort Brände, so dass die von der Stadt vorbereiteten Brandschutzschneisen nutzlos waren. Zwischen der Druckwelle und dem Brand wurde jedes einzelne Gebäude innerhalb eines Gebiets von fast dreizehn Quadratkilometern um das Explosionszentrum herum zerstört. Nur die Gerüste von starken Beton- und Stahlgebäuden blieben stehen.

Dann kam der seltsame schwarze Regen, ein beängstigendes Phänomen, welches aus der Verdampfung von Feuchtigkeit im Feuerball selbst und der Kondensation der daraus aufsteigenden Wolke resultierte. Es half nicht, die Brände zu löschen, sondern diente nur dazu, die Menschen noch weiter zu verwirren und zu verängstigen. Als Nächstes legte sich eine riesige schwarze Staubwolke über die Stadt, welche die Sonne ausradierte und den Tag zur Nacht machte. Zusammen mit dem möglichen psychologischen Grund dafür, dass Nogorigatu nicht sehen konnte, mochte diese unerklärliche plötzliche Dunkelheit die Verwirrung noch verstärkt und ihn zusammen mit den anderen Faktoren vorübergehend blind gemacht haben.

Nach dem Regen kam ein Wind--der große „Feuerwind"--der zurück ins Zentrum der Katastrophe hineinwehte und immer stärker wurde, während die Luft über Hiroshima aufgrund der großen Brände immer heißer wurde. Der Wind war stark genug, um große Bäume zu entwurzeln. War dies der Wind, von dem Nogorigatu sprach, oder der erste Wind, der auf die Detonation folgte? Wir haben keine Ahnung, wie viel Zeit in seinem Bericht über das Ereignis vergangen war.

Zitat aus *Hiroshima and Nagasaki Reconsidered* (im Dt.: Hiroshima und Nagasaki Neu Betrachtet, *Anm. d. Übersetzers) von Barton J. Bernstein:

„Laut einer britischen Studie stimmten die Augenzeugen darin überein, dass sie einen blendend weißen Blitz am Himmel sahen, einen Luftstrom spürten und ein lautes Rumpeln hörten, gefolgt von einem Geräusch von zerreißenden und fallenden Gebäuden. Alle sprachen von der sich niederlassenden Dunkelheit, als sie sich von einer allumspannenden Staubwolke umhüllt sahen. Männer, Frauen und Kinder wurden in Stücke gerissen, und der Geruch von verbranntem Fleisch und die Erinnerung an gequälte Schreie klangen nach. Andere starben an der Strahlung, die einen schnell, andere langsam. Die meisten Fabrikarbeiter hatten sich bereits zur Arbeit gemeldet, aber viele Arbeiter waren noch unterwegs, und fast alle Schulkinder und einige Fabrikangestellte waren im Freien bei der Arbeit."

Überlebende beschrieben ihren Schock, als sie in Richtung Stadtzentrum blickten, nachdem sich Rauch und Staub verzogen hatten, und feststellten, dass dieses vollständig verschwunden war, ausgelöscht innerhalb eines Augenblicks. Sogar Beobachter, die später über das Gebiet flogen, bemerkten diese seltsame totale Verwüstung, anders als alles, was sie jemals zuvor bei einer Kriegsbombardierung gesehen hatten. Zitat eines Überlebenden:

„Ich sah, dass Hiroshima verschwunden war. ... Ich war schockiert über den Anblick. ... Was ich damals fühlte und auch heute noch fühle, kann ich mit Worten nicht beschreiben. Von Hiroshima nichts mehr zu übrig zu sehen, war so schockierend, dass ich einfach nicht ausdrücken kann, was ich fühlte. ... Ich konnte ein paar wenige Gebäude stehen sehen, aber Hiroshima existierte nicht--das war es hauptsächlich, was ich sah--Hiroshima existierte einfach nicht."

Ein Zitat aus Dr. Hachiyas *Hiroshima Diary*:

„Über unzählige Hektar Land war die Stadt wie eine Wüste, abgesehen von verstreuten Haufen von Ziegelsteinen und Dachziegeln. Ich musste meine Bedeutung des Wortes Zerstörung revidieren oder ein anderes Wort wählen, um das zu beschreiben, was ich sah. Verwüstung mag ein besseres Wort sein, aber in Wirklichkeit kenne ich kein Wort oder keine Worte, um diesen Anblick zu beschreiben."

Das vorherrschende Thema, das von den Überlebenden wiederholt wurde, waren die überwältigenden Gefühle der Verwirrung, Hilflosigkeit und Verlassenheit. Nogorigatu fühlte all diese Emotionen. Ein von Lifton befragter Mann sagte: „Das Gefühl, das mich überkam, war, dass alle tot waren. Die ganze Stadt war zerstört. Ich dachte, dies sei das Ende von Hiroshima ... von Japan ... der Menschheit." Das Gefühl war, dass die ganze Welt am Sterben war, ein völliges Eintauchen in den Tod.

Diese Aussagen klingen sehr ähnlich wie diejenigen, welche unser japanischer Freund zum Ausdruck brachte. Seine Emotionen und Beobachtungen stimmen verblüffend genau mit den Tatsachen überein. Ich komme nicht umhin, daraus zu schließen, dass Katie tatsächlich als Beteiligte anwesend gewesen sein muss, um so erstaunlich detailliert zu berichten. Dies sind Details, die meiner Meinung nach nur einer kleinen Minderheit von Menschen bekannt sind. Nur ernsthaft

Interessierte wären je über sie gestolpert, sicher kein junges Mädchen mit geringer Schulbildung. Für sie war selbst der Gedanke daran so entsetzlich, dass es sehr zweifelhaft war, ob sie überhaupt irgendwelche unabhängigen Recherchen angestellt hätte. Dies wird zweifellos als eine Möglichkeit angebracht werden, aber es ist eine Möglichkeit, die ich nicht akzeptieren werde, weil ich sie später durch 26 verschiedene Leben führen sollte und ich diese unglaubliche Begabung zum Detail immer wieder vorfand. Damals war sie eher daran interessiert, die Ursache für ihre unwillkürlichen Erinnerungen und Ängste zu finden. Ich weiß, dass sie weder die Zeit noch die Neigung dazu hatte, auf die schwierige Art von Forschung zurückzugreifen, die ich bei der Untersuchung dieser Art von Phänomenen anwende.

Die Zahl der unmittelbar danach und über einen bestimmten Zeitraum hinweg eintretenden Todesfälle wird wahrscheinlich niemals bekannt werden und ist auch heute noch umstritten. Die Amerikaner behaupteten stets, dass es etwa 70.000 Tote gegeben habe, aber die Japaner sind anderer Meinung. Sie behaupten, dass die Amerikaner die Zahlen stets absichtlich niedriger gehalten haben als sie tatsächlich waren. Die Japaner behaupten, die Stadt sei überfüllter gewesen, als uns bekannt war, und dass 60 Prozent der Bevölkerung innerhalb von 2 Kilometern vom Epizentrum entfernt lebten. Die Bevölkerung hätte sogar größer sein können, wenn man bedenkt, dass sich die Lebensumstände von Nogorigatu viele Male wiederholt haben, indem die Menschen in die Stadt kamen, um dem Hunger und der Unterdrückung in den ländlichen Gebieten zu entfliehen. Hiroshima schätzt, dass die Zahlen näher bei 200.000 lagen oder grob geschätzt 50 Prozent der Tagesbevölkerung der Stadt (ebenfalls eine umstrittene Zahl, die von 227.000 bis über 400.000 variiert) durch die Bombe getötet wurden. Dazu hätten auch Menschen gezählt, die aus den Randgebieten zur Arbeit kamen, Menschen, die normalerweise nicht innerhalb der Stadtgrenzen lebten. Viele weitere japanische Quellen gehen davon aus, dass es etwa 100.000 Tote waren. Es wurde gesagt, dass die Zerstörung so weit ausgedehnt war, dass im Nu ganz Hiroshima betroffen war. Es gibt so viele Faktoren zu berücksichtigen, dass man sich einig ist, dass niemand je die wahren Zahlen kennen wird, und so dauert die Kontroverse bis heute an.

Unsere Experten hatten niedrigere Opferzahlen vorhergesagt, weil sie glaubten, dass die Menschen die Luftschutzräume nutzen würden. Zudem hatten die Wissenschaftler nicht damit gerechnet, dass die Strahlung den Boden mit solch tödlichen Dosen erreichen würde. Der durch die Bombe angerichtete Schaden war viel größer, als sich irgendjemand hatte vorstellen können.

Nogorigatu sagte, dass die Menschen mit ausgestreckten Armen umherwanderten. Sie wussten nicht, wohin sie gehen sollten; sie wollten einfach nur da rauskommen, fort von dem Grauen. Das war richtig. Nach der Explosion flohen Tausende von Menschen einfach blind und ohne jegliches Ziel, außer dem einen, nämlich aus der Stadt herauszukommen. Viele wurden durch das Gedränge der fliehenden Menschen von den Brücken gestoßen und ertranken in den Flüssen.

Diese Tatsache wurde von vielen beobachtet, die in die Stadt kamen, um zu sehen, was geschehen war. Sie sprachen von den Menschenschlangen, die aus der Stadt hinauswanderten. Sie waren so schwer verbrannt, dass ihre Haut geschwärzt war. Es hieß, dass sie eher Negern als Japanern ähnelten. Sie gingen nach vorne gebeugt und mit ihren schwer verbrannten Armen nach vorne ausgestreckt, damit sie ihre Körper nicht berührten. Ihr Haar war vollständig verbrannt. Je nach der Schwere der Verbrennungen hatten viele überhaupt keine äußere Hautschicht mehr, selbst die Haut im Gesicht war wie eine Maske abgefallen. Bei anderen hing die Haut an Händen, Gesicht und Körper in streifenförmigen Stücken herunter. Genau das sagte Nogorigatu auch über seinen eigenen Zustand: Seine Hände waren schwarz und er hatte das Gefühl, keine Haut im Gesicht zu haben. Überall waren Menschen, auf die diese Beschreibung zutraf, und viele von ihnen starben am Straßenrand. Viele weitere Beobachtungen von Überlebenden deuteten an, dass diese Opfer nicht mehr menschlich erschienen. Unmengen an Opfern liefen sehr langsam und versuchten, aus der Stadt herauszukommen. Man beschrieb sie als „wandelnde Geister" und als „Roboter, die im Reich der Träume wandeln", so vollkommen waren ihr Schock und ihre Loslösung von der Realität. Es wurde gesagt, es sei unglaublich, dass so schwer verbrannte Menschen sich überhaupt noch bewegten, geschweige denn liefen. Vielleicht war der Schock so groß, dass dies bewirkte, dass Dinge geschahen, die unter normalen Bedingungen unmöglich waren.

Da die meisten bestehenden Krankenhäuser, Ärzte und medizinisches Personal bei der Explosion vernichtet wurden, war es sehr schwierig, einen Platz für die Verletzten zu finden. Einige notdürftige Krankenhäuser entstanden in den ausgebrannten Gebäudehüllen, wie in *Hiroshima Diary* beschrieben. Andere wurden in Gebäuden eingerichtet, die weiter von der Explosion entfernt lagen und das Geschehnis mehr oder weniger unversehrt überstanden hatten. Es war fast nichts mehr an medizinischer Versorgung vorhanden und die wenigen Ärzte und Krankenschwestern, die überlebt hatten, vollbrachten Wunder mit der begrenzten Versorgung, die sie bereitstellen konnten. Nur noch 28 Ärzte waren am Leben und in der Lage, in dieser großen Stadt zu arbeiten, in der die Hälfte der Leute Verwundete waren. Die Kranken und Sterbenden waren in jeden verfügbaren Raum hineingepfercht, aber eine angemessene Versorgung konnte wegen des Mangels an Vorräten, Ausbildung und sanitären

Einrichtungen nicht gewährleistet werden. So etwas war in der Geschichte der Menschheit noch nie zuvor geschehen, und die Ärzte hatten keine Ahnung, was sie da bekämpften. Sie konnten nur versuchen, es den Patienten angenehm zu machen und ihre Symptome zu behandeln--eine unmögliche Situation aufgrund der Überfüllung und der schrecklichen Hygienebedingungen. Das *Hiroshima Diary* liefert eine sehr eindrucksvolle Darstellung von dieser Situation. Das medizinische Personal war genauso verwirrt und verängstigt wie die Opfer.

Es ist nicht bekannt, was Nogorigatu wirklich getötet hatte. Ich war überrascht, dass er nicht sofort gestorben war. Wahrscheinlich waren eine Reihe von Faktoren daran beteiligt. Die ersten tiefen Verbrennungen wurden zweifellos durch ein sonderbares Symptom verkompliziert, das später in den Notkrankenhäusern auftrat: die Zerstörung der weißen Blutkörperchen im Körper durch die Auswirkungen der Strahlung. Dies führte dazu, dass die Opfer aus verschiedenen Teilen ihres Körpers bluteten. Es gab auch viele Symptome, die durch die „Strahlenkrankheit" verursacht wurden: Erbrechen, Durchfall und Fieber. Viele Opfer lebten eine Zeit lang fort, indem sie diese verschiedenen schmerzhaften Komplikationen durchlitten, und starben schließlich.

Ich wünschte, ich hätte Nogorigatu später, nachdem ich wieder zur Ruhe gekommen war, noch weitere Fragen stellen können. Aber ich musste mein Versprechen an Katie halten, dass wir nicht wieder an diesen Ort zurückkehren würden. Ich fragte mich vor allem, was mit den Leichen passiert war. Später fand ich durch Nachforschungen heraus, dass die Leichen in riesigen Haufen eingeäschert wurden. Normalerweise verbrennen die Japaner ihre Toten ohnehin, aber dies hier geschah aus einem anderen Grund: um die Verbreitung von Krankheiten zu kontrollieren. Da keine Zeit für religiöse Zeremonien blieb, fand der

Durchschnittsjapaner, dass diese Form der Entsorgung schrecklich respektlos gegenüber den Toten war und strikt gegen ihre religiösen Überzeugungen verstieß. Aber sie erkannten, dass es keine andere Lösung gab. Sie gewöhnten sich, wenngleich widerwillig, an den Gestank von brennenden Leichen, der bald wie ein Leichentuch über der zerstörten Stadt lag. Die Pflege der Kranken und das Überleben der Lebenden wurden wesentlich wichtiger als die ehrerbietige Entsorgung der Toten. Für die Überlebenden wurde es zu einem lebendigen Alptraum, aus dem viele nie mehr erwachten, während die Auswirkungen der Strahlung, die über die Gene an spätere Generationen weitergegeben wurden, auch heute noch zu sehen sind.

Kapitel 15

Die Schlussszene

ICH WAR EINMAL MEHR DURCH DIE ZEIT GEREIST, um Geschichte zu erleben, während sie geschrieben wird. Ich hatte durch die Augen eines Augenzeugen eines der schrecklichsten Ereignisse unserer modernen Zeit gesehen. War Katie wirklich dort gewesen? Hat sie tatsächlich das Leben des japanischen Mannes gelebt, das sie so erstaunlich detailliert beschrieb? Es scheint so zu sein, wenn man sich an das Trauma erinnert, das sie empfand, als die ursprüngliche Erinnerung abgerufen und an die Oberfläche gebracht wurde sowie an ihre extreme Erleichterung und Freude, als es vorbei war. Woher sonst konnten diese Erinnerungen stammen? Sicherlich nicht aus ihrem Wachbewusstsein und ganz gewiss nicht aus meinem.

Falls ein modernes junges Mädchen über ein vergangenes Leben fantasieren oder eines erfinden sollte, wäre es nur logisch, anzunehmen, dass es sich für ein Leben voller Romantik und aufregender Erlebnisse entscheidet, und nicht für eines mit solch absolutem Horror.

Diejenigen, die nicht an Reinkarnation glauben, werden andere Erklärungen für dieses seltsame Phänomen haben. Aber ist das wirklich wichtig? Wichtig ist, dass es Katie geholfen hat; sie ist durch die Erfahrung sehr gewachsen. Es ist auch wichtig, dass wir endlich in der Lage sind, den Krieg aus einem anderen Blickwinkel zu betrachten. Natürlich war dies die Sichtweise eines einzelnen Menschen, der zu jener Zeit lebte. Andere hatten vielleicht andere Meinungen. Ich war während dieses Krieges schon auf der Welt und als Kind, das damals aufwuchs, weiß ich, dass meine Erinnerungen anders sind als die eines Erwachsenen oder von jemandem, der in jenem Krieg kämpfte. Doch macht das die Wahrheit weniger wahr? Wir sehen schließlich alle die Dinge aus unserer eigenen Realität heraus.

Unsere damalige Propaganda hatte uns davon überzeugt, dass die Japaner schreckliche Ungeheuer ohne Seele seien. Sie waren der Feind, und wir waren zu jener Zeit so konditioniert, dass wir nicht einmal in Betracht gezogen hätten, dass die alltäglichen Menschen in diesem Land im Alltag anders sein könnten als wir: verwirrt und verängstigt. Wir hielten sie für Monster und sie hielten uns für Monster. Aber in Wirklichkeit war niemand ein Monster, und dennoch war jeder eines.

Nogorigatu erzählt uns eine ergreifende Geschichte über die Hilflosigkeit des durchschnittlichen Japaners, der in einer Kriegssituation gefangen war, die die Leute weder wollten noch verstanden. Wie die Menschen überall, wollten sie nur, dass ihr Leben so weitergeht, wie bisher. Die militärischen Elemente der Regierung waren diejenigen, die Macht und Einfluss in der Welt haben wollten. Diese Geschichte weist auf die sehr reale Tatsache hin, dass Regierungen und nicht Menschen die Kriege führen. Die Unschuldigen sind diejenigen, die am meisten leiden und ihre Heimat und ihre Familien in dem herrschenden Wahnsinn verlieren. Sie sind häufig die Spielfiguren der Mächtigen, aber wenn es nach dem Einzelnen ginge, würde es keine Kriege geben. Dieser Geschichte nach zu urteilen glaube ich, dass dies die Gefühle des Durchschnittsmenschen überall auf der Welt sind.

Es gibt immer noch diejenigen, die sagen, dass, weil Japan den Krieg mit der Bombardierung von Pearl Harbor angefangen habe, sie all das verdient haben, was ihnen widerfahren sei. Aber wer sind „sie"? Durch diese Rückführung wird „ihnen" der Mantel der Unsichtbarkeit abgenommen. „Sie" werden zu menschlichen Wesen, zu Menschen. „Sie", das sind Nogorigatu, seine Frau, seine Söhne und seine Enkelkinder. Hierin liegt die Ungerechtigkeit des Krieges seit Anbeginn der Zeit.

Ich habe lange und intensiv darüber nachgedacht, ob ich dieses Buch schreiben soll. Wenn bisher nur wenige andere die Bombe hatten untersuchen wollen, wollte ich dann wirklich „die Büchse der Pandora" öffnen? Wollte ich wirklich einen Spiegel hochhalten und den Menschen dazu bringen, sich lange und intensiv selbst zu betrachten? Vielleicht war es besser, keine „schlafenden Hunde zu wecken". Aber vielleicht ist das der Grund für diese Geschichte, durch diesen ungewöhnlichen Ansatz die Büchse zu öffnen und sie vor unsere Tür zu stellen--um einen Blick hineinzuwerfen und sicherzustellen, dass es nie wieder passieren wird.

Die Kontroverse, ob wir das Richtige getan haben oder nicht, ob wir alle Faktoren berücksichtigt haben, wird zweifellos im Laufe der Menschheitsgeschichte weitergeführt werden. Die gesamte Frage ist sehr komplex. Nach fünf Jahren des Kampfes auf der ganzen Welt wollten wir, dass der Krieg beendet ist und unsere Männer nach Hause zurückkehren, um zu versuchen, ihr vom Krieg zerrissenes Leben wieder zusammenzufügen.

Wir durften nicht mit dem Feind sympathisieren. Feinde müssen klar definiert werden, damit Menschen einen Krieg führen und sich gegenseitig umbringen. Anders könnte es gar keinen Krieg geben. Sie müssen anonyme Bösewichte oder herzlose Monster sein. Wenn man den Feind als Person kennenlernt, kann man ihn nicht bekämpfen. Nogorigatu hat dies in seiner Geschichte sehr gut ausgedrückt.

Als ich begann, hatte ich keine Ahnung, dass ich eine noch gewaltigere Geschichte aufdecken sollte, die direkt mit dem Leben von Nogorigatu verknüpft war. Hätte ich nicht begonnen, die Bombardierung von Hiroshima zu recherchieren, um Katies Rückführung zu verifizieren, hätte ich die tiefere Geschichte nicht aufgedeckt. Vielleicht ist es nicht immer eine gute Idee, in der Zeit zurückzureisen und die Wahrheit über unsere Geschichte zu erkennen, denn dann müssen wir uns vielleicht der harten Realität dessen stellen, was wirklich passiert ist, und das ist nicht immer das Einfachste. Ich weiß, dass ich nicht darüber zu Gericht sitzen kann, weil ich nur ein „Aufzeichner", ein „Forscher" bin und eine moralische Verpflichtung fühle, das, was ich entdeckt habe, niederzuschreiben. Lasst andere die Gründe und Zwecke dafür herausfinden.

Die Informationen stehen allen zur Verfügung, die gerne Forschung betreiben. Sie sind nicht versteckt. Vielleicht haben andere bereits versucht, die wahre Geschichte zu erzählen, aber wir waren zu sehr beschäftigt, um zuzuhören. Ich weiß, dass sie für mich nie eine Bedeutung hatte, bis Katie sie durch Nogorigatus Erinnerungen so lebhaft wiedererlebte.

Die Unbeliebtheit des Krieges beim japanischen Volk wurde deutlich, als Nogorigatu davon sprach, dass die Soldaten im ganzen ländlichen Raum stationiert seien, um die „Dissidenten" in Schach zu halten. Die Regierung muss sehr viel Angst davor gehabt haben, dass durch die Unruhen und die Unzufriedenheit ihres Volkes eine Rebellion oder ein Bürgerkrieg ausgelöst werden könnte. Wenn jemand seine Meinung äußerte, wurde er getötet. Dies war der einfachste

Weg, eine Rebellion zu beenden, bevor sie begann. Außerdem waren die Menschen am Verhungern und das Geld hatte seinen Wert verloren. Die Zeitungen berichteten, dass Japan bereit sei, bis zum letzten Mann zu kämpfen, um seinen Kaiser und sein Heimatland zu schützen. Ich glaube das nicht. Das Volk war zu sehr darauf bedacht, einfach am Leben zu bleiben. Sie hätten vielleicht gekämpft, um ihre eigenen Familien zu beschützen, aber ich glaube, dass dies zu einer Massenverwirrung geführt hätte. Nogorigatu sagte, er sehe den wahren Feind in der Regierung und den Soldaten; sie waren diejenigen, die ihm so großen Kummer bereitet hatten.

Was uns zu der Frage führt: „Mussten wir die A-Bombe wirklich abwerfen?" Nach dem, was ich aus dieser Rückführung gelernt habe, glaube ich, dass die Atombombe nicht nötig war. Japan brach innerlich zusammen und hätte nicht viel länger durchhalten können. Aber einige Leute sagten: „Wie hätte unsere Regierung von den Zuständen in Japan wissen können? Hatten wir Spione im Land, die nach Washington zurückberichteten?" Bevor ich mit meinen Nachforschungen begann, wusste ich es nicht, aber um unserer Regierung den Vorteil einer günstigen Auslegung zweifelhafter Umstände zu gewähren, wollte ich glauben, dass sie vielleicht nicht wusste, was wirklich geschah.

Was ich bei meinen Recherchen herausfand, hinterließ bei mir einen sehr bitteren Geschmack. Wir *wussten* von den Bedingungen in Japan--davon, dass es auf den Knien lag. Wir *wussten*, dass Japan im Sommer 1945 versuchte, sich zu ergeben. Aber aus vielen verschiedenen und komplexen politischen Gründen beschlossen wir, die Bombe trotzdem einzusetzen.

Dies ist nach wie vor das großartigste Land der Welt, aber wir sind stets nur so gut wie unsere Führer. Sie sind auch nur Menschen, und als Menschen sind sie fähig, Fehler zu begehen. 1939 wurde Präsident Roosevelt von Wissenschaftlern aufgesucht, die aus Europa geflohen waren. Sie sagten ihm, dass sie befürchten, Deutschland könne Atomwaffen entwickeln. Vor dieser Zeit hatte die Marine bereits ein wenig mit Atomen experimentiert, aber 1939 wies der Präsident die Wissenschaftler an, mit der Forschung zu beginnen. Zu dieser Zeit waren wir angeblich ein friedliches Land, das versuchte, vor den Kriegswolken, die in Europa anschwollen, sicher verwahrt zu bleiben. Im Oktober 1941 beschloss der Präsident, ein „umfassendes"- Forschungsprojekt zu unterstützen, mit dem die Möglichkeiten der Atomenergie für militärische Zwecke untersucht werden sollten. Die zu erfindende Waffe sollte in erster Linie gegen Deutschland eingesetzt werden. Das Projekt wurde in tiefster Geheimhaltung begonnen und war vielleicht das bestgehütete Geheimnis unserer Zeit. Nur eine Handvoll Männer in den Vereinigten Staaten wussten jemals, was vor sich ging. Das Geld zur Finanzierung der Forschung kam aus speziellen, verdeckten Fonds, so dass nicht einmal der Kongress eine Ahnung davon hatte, was da entwickelt wurde. Roosevelt stand während des gesamten Projekts in ständigem Kontakt mit den Wissenschaftlern und verfolgte ihre Arbeit über sechs Jahre hinweg. Vor der Entwicklung sollte die Bombe schwindelerregende 2 Milliarden Dollar kosten. Das war vor unseren inflationären Zeiten eine enorme Summe.

Roosevelt vertraute den Sowjets nie ganz und glaubte Ende 1942, dass die Bombe eine entscheidende Rolle im Umgang mit ihnen spielen könnte, sowohl als militärische Waffe im Krieg als auch als diplomatische Waffe im Frieden. Aus diesem Grund erzählte er den Sowjets nichts über die Forschung, obgleich Churchill in England davon wusste.

Roosevelt sollte jedoch die Endergebnisse des von ihm begonnenen Experiments nicht mehr erleben. Er starb im

April 1945 an einer Gehirnblutung und Vizepräsident Harry S. Truman wurde Präsident. Eine Stunde nach seiner Vereidigung wurde Truman zum ersten Mal über die große Verantwortung informiert, die ihm zukommen sollte. Ich frage mich, wie er sich wohl fühlte, nachdem er gerade unter ungünstigen Umständen Präsident geworden war und dann plötzlich in eine solche Position gepresst wurde. Er wusste, dass er die Verantwortung für die Beendigung des Krieges geerbt hatte, aber vor dieser Zeit hatte Truman nicht die leiseste Ahnung von der Atomforschung.

Roosevelt hatte mehrere Jahre Zeit, um zu seiner Entscheidung zu gelangen und seine Strategie bezüglich der Bombe zu planen. Er hatte die schreckliche Verantwortung, diese schwerwiegenden Kriegsentscheidungen zu treffen, ohne dass ihm historische Beispiele oder vergangene Erfahrungen als Orientierung dienten. Vielleicht beschleunigten diese Probleme seinen Tod. Truman fiel die ganze Sache in den Schoß und er hatte nur wenige Monate Zeit, sich die schrecklichen Folgen seiner bevorstehenden Entscheidung zu eigen zu machen. Er würde sich ausschließlich auf den Rat anderer verlassen müssen. Letzten Endes hat der Präsident von allen amerikanischen Bürgern die geringste Freiheit. Seine Meinungen werden von den Ratschlägen vieler anderer Menschen bestimmt. Aber bei der endgültigen Beurteilung muss der Präsident allein das letzte Wort haben. Truman sagte immer: „Die Verantwortung liegt hier." Hat er die richtige Entscheidung getroffen? Hätte einer von uns anders gehandelt, wenn er plötzlich in eine so wenig beneidenswerte Lage geraten wäre?

Die größte Sorge galt nicht Deutschland oder Japan. Truman wurde weisgemacht, dass unser Besitz und das Vorführen der Bombe die Sowjets in Zukunft leichter handhabbar machen würde.

Nachdem Truman über das Atomproblem unterrichtet worden war, drängte Kriegsminister Henry Stimson ihn, ein Komitee einzuberufen, das ihn beraten sollte. Es wurde viel darüber diskutiert, wie sich Amerikas Einsatz dieser revolutionären Waffe künftigen Generationen darstellen werde. Es gab auch eine Diskussion darüber, ob der Einsatz der Atombombe vermieden werden könnte. Einige Wissenschaftler hofften, dass die Forschung fruchtlos sein werde. Aber Roosevelt hatte das Projekt in Gang gesetzt und Truman stellte nie die Tatsache infrage, dass er das Erbe fortführen musste. Er akzeptierte, was Roosevelts Berater ihm sagten. Alle Pläne waren im Gange und alle Details waren ausgearbeitet. Truman brauchte sie nur noch auszuführen. Könnte es sein, dass die Regierung nach so vielen Jahren geheimniskrämerischer Experimente nicht wollte, dass ihre Arbeit den Bach hinuntergeht, ohne das Endergebnis zu testen? Als sich die Bombe der Fertigstellung näherte, kam der Krieg in Europa zum Stillstand und endete schließlich mit dem VE-Tag (VE = Victory in Europe, z. Dt.: Sieg in Europa, *Anm. d. Übersetzers) am 8. Mai 1945. Die Zeit wurde knapp. Es war nur noch ein Ort übrig, um das teure Experiment auszuprobieren, aber man musste sich beeilen, bevor auch der Krieg in Japan enden konnte. Wie würden sie jemals die Chance bekommen, die Bombe zu erproben, wenn der Krieg zu Ende war? Es könnte nie wieder eine solche goldene Gelegenheit geben. War die Bombe ein letzter Test eines wissenschaftlichen Experiments, bei dem die Japaner als bedauerliche Versuchskaninchen benutzt wurden? Hatte Truman so viel Angst vor der wachsenden Bedrohung durch die Russen, dass er ihnen zeigen wollte, was für eine mächtige Waffe wir haben, mit der wir sie besiegen konnten?

Aus humanen Gründen schlugen die Wissenschaftler des Ausschusses die Möglichkeit vor, die Bombe vor ausländischen Beobachtern zu demonstrieren. Würde eine solche Demonstration der Macht dieser Bombe die Japaner dazu bewegen, sich zu ergeben? Ein weiterer Vorschlag war, die Japaner vor dem unglaublichen Potenzial der neuen Waffe zu warnen und sie nur dann abzuwerfen, wenn sie sich nicht innerhalb einer bestimmten Anzahl von Tagen ergäben. Würden Warnungen und Einladungen zu einer Demonstration ausreichen? Die Welt hatte nichts, womit man das vergleichen konnte; sie würden sicherlich denken, es sei nur Propaganda und es ignorieren. Wenn dies geschähe, verlören wir den Schockeffekt der Bombe.

In Unkenntnis der laufenden Atomforschung fuhren die Militärberater fort, ihre langfristigen Pläne zur Beendigung des Krieges mit Japan zu entwickeln. Nun, da der Krieg in Europa beendet war, konnten sie ihre ganze Aufmerksamkeit auf den Krieg im Pazifik richten. Sie konzipierten das Projekt OLYMPIC, den ersten Bodenangriff auf das japanische Festland. Ihre Pläne umfassten den Einsatz von 42 Flugzeugträgern, 24 Schlachtschiffen, 212 Zerstörern und 183 Zerstörer-Eskorten. Sechs Divisionen der Infanterie sollten am Tag X an Land gehen, drei weitere sollten am nächsten Tag folgen. Vier weitere Divisionen sollten in Reserve sein. Insgesamt wären eine dreiviertel Million Männer beteiligt. Zwölf Lazarettschiffe sollten vor der Küste liegen und könnten 30.000 Verwundete in die aufnahmebereiten Krankenhäuser auf den Philippinen, die Marianas und Okinawa evakuieren, wo 54.000 Betten bereitstehen sollten. Es war klar, dass sie mit großem Widerstand rechnen mussten. An jedem Landekopf sollte ein mit Vollblut beladener LST (Landungsschiff-Tank) stehen. Man ging davon aus, dass die Japaner wahrscheinlich schwere Artilleriestellungen aufgestellt hatten, um alle beabsichtigten Landungsstrände abzudecken, und dass sie Minenfelder gelegt hatten. Wir erwarteten eine Verteidigung und Taktik von der Art, wie in Okinawa, wo viele Amerikaner ihr Leben verloren.

Die militärische Strategie bestand darin, zunächst die Luftbombenangriffe Japans zu intensivieren. Zweitens, wenn sich Japan nicht bis November 1945 ergäbe, würden sie am südlichen Ende Japans OLYMPIC starten. Im Frühjahr 1946 sollte dann darauf die Landung auf der Ebene von Tokio erfolgen. Dies waren die Pläne, die Truman anwenden wollte, falls die A-Bombe nicht vor diesem Zeitpunkt entwickelt wurde oder falls etwas mit dem Experiment schiefging.

Im März 1945 begann in Japan die Massenbombardierung der Zivilbevölkerung, die während des Zweiten Weltkriegs in Europa alltäglich geworden war. Am 9. März wurden 2.000 Tonnen Brandbomben aus bis zu 1500 Meter tief fliegenden Flugzeugen über Tokio abgeworfen und setzten die Stadt in Brand. An diesem Tag wurden 78.000 Japaner getötet. Angesichts der Tatsache, dass solche Bombardierungen von Städten als gewöhnliche Kriegsführung akzeptiert wurden, fiel es einigen Militärführern schwer zu glauben, dass eine neue Vernichtungswaffe noch unethischer als TNT und Brandbomben sein könnte. Sie betrachteten Japan als eine bereits zerstörte und umzingelte Nation.

Die Vorbereitungen für OLYMPIC liefen bereits, und die Zeit wurde knapp für diejenigen in Washington, die Frieden durch eine Invasion Japans sehen wollten. Truman wollte absolut sichergehen, dass es keine Alternative gab, bevor er OLYMPIC anordnete. Er wollte keine Invasion anordnen, die mehrere hunderttausend amerikanische Opfer zur Folge haben könnte, wenn es einen anderen Ausweg gab. Kriegsminister Stimson berichtete nach Rücksprache mit anderen Experten, dass Japan dank der Luft- und Seebombardierung und der bereits eingeleiteten Seeblockade ohne Invasion zur Kapitulation gezwungen werden könne. Er meinte, dies könne verstärkt werden, und er wusste, dass wir eine neue Geheimwaffe in der Tasche hatten, die bald einsatzbereit sein sollte. Stimson befürchtete, dass es große

Verluste an Menschenleben geben würde, wenn wir in Japan landeten, weil Japan bereit war, bis zum letzten Mann zu kämpfen. Der Präsident fragte sich, ob die Bombe eine Chance habe, den Krieg rasch zu beenden und weitere Verluste an amerikanischen Leben zu verhindern.

Obwohl die Öffentlichkeit es nicht wusste, gab es viel Für und Wider über den Einsatz der Bombe in dieser Zeit. Hap Arnold, Chef der Luftstreitkräfte, war überzeugt, dass wir mit konventionellen Bombenangriffen auf Japan gewinnen würden. Seine Berater glaubten, dass die Bombenangriffe, verbunden mit der Blockade, das Reich in die Knie zwingen werde. Japan war knapp an Gas und Öl, und die meisten seiner Fabriken waren zerstört worden. Arnold glaubte nicht, dass die OLYMPIC-Invasion notwendig sei. Er glaubte auch nicht, dass die A-Bombenexplosion notwendig sei, um den Krieg zu gewinnen.

Am 12. Juli wurde im Chicagoer Met-Labor eine Umfrage unter 150 Wissenschaftlern darüber durchgeführt, wie die Bombe eingesetzt werden sollte. Die Mehrheit stimmte für eine militärische Demonstration in einem abgelegenen Gebiet Japans mit der Möglichkeit, sich zu ergeben, bevor die Waffe vollständig eingesetzt würde. Viele andere wünschten eine Demonstration in einem isolierten Gebiet, in New Mexico oder auf einer unbewohnten Insel, wobei Vertreter Japans anwesend sein sollten. Diese wissenschaftlichen Diskussionen und Vorbehalte hatten jedoch wenig Einfluss auf die oberste politische Ebene. Keine dieser Alternativen schien realistisch und durchführbar zu sein, so dass der Beratungsausschuss in seinem Abschlussbericht vorschlug, dass die Bombe so bald wie möglich und ohne besondere Warnung auf Japan abgeworfen werden solle. Truman schloss sich dem an. Es wurde gesagt, dass er keine Warnung erteilen wollte, weil die Japaner uns auch nicht gewarnt hatten, und dies sollte seine Rache für den heimlichen Angriff bei Pearl Harbor sein, sowie eine Disziplinierungsmaßnahme für die schlechte Behandlung unserer Kriegsgefangenen. Das Komitee schlug ein Ziel vor, das aus einer militärischen Einrichtung und umliegenden Häusern und Gebäuden bestand, um den maximalen Explosionsschaden aufzuzeigen. Es war ihnen völlig klar, dass viele Zivilisten getötet werden würden, und Truman sagte, er sei zu derselben Schlussfolgerung gelangt, beschloss aber, weiterzumachen, sofern sich die Japaner nicht ergäben und sich der erste Bombentest in New Mexico als erfolgreich erweise.

Als Nächstes begannen Geheimdienstmitarbeiter mit der Arbeit an Zielkarten. Die Auswahl war begrenzt. Sie waren sich alle einig, dass die Atombombe über einer relativ unberührten Stadt explodieren sollte, um einen größtmöglichen Eindruck zu hinterlassen. Die Bombenangriffe der B-29-Flieger hatten bereits Hunderte von Quadratkilometern der japanischen Hauptstadt in Schutt und Asche gelegt. Es wurde bereits so viel Schaden angerichtet, dass man befürchtete, dass die A-Bombe keinen angemessenen Hintergrund haben würde, vor dem sie ihre Stärke zeigen könnte. Dies wurde als zwingend erforderlich betrachtet, wenn man die japanische Regierung von dem Ernst der Lage überzeugen wollte. Es war auch wichtig, Russland einen Eindruck von unserer militärischen Stärke zu vermitteln. Hiroshima war eine der wenigen noch unberührten Städte, womit es eine logische Wahl war. Man glaubte auch, dass es die einzige Großstadt in Japan sei, die kein Kriegsgefangenenlager hatte. Alle anderen Städte auf der Liste hatten Schäden erlitten, mit Ausnahme von Kokura, das nicht weniger als vier Kriegsgefangenenlager hatte. Kyoto wurde nach langem Drängen wegen seiner vielen heiligen Schreine von der Liste gestrichen. Als dies genehmigt wurde, wurden die möglichen Angriffsziele in Vorbereitung des Atombombentests bei den regelmäßigen Bombenangriffen ausgelassen. Während dieser Zeit wurden

Flugblätter über Japan abgeworfen, in denen viele japanische Städte aufgelistet wurden, die bombardiert werden sollten. Nachfolgend der Text dieser Flugblätter:

„An das japanische Volk: Lest dies sorgfältig, da es euer Leben oder das Leben eines Verwandten oder Freundes retten kann.

In den nächsten Tagen werden die militärischen Einrichtungen in mindestens vier der auf der Rückseite genannten Städte durch amerikanische Bomben zerstört werden. In diesen Städten gibt es militärische Einrichtungen und Werkstätten oder Fabriken, die militärische Güter herstellen.

Wir sind entschlossen, alle Hilfsmittel der militärischen Clique zu zerstören, die sie zur Verlängerung dieses sinnlosen Krieges einsetzt. Aber leider haben Bomben keine Augen. In Übereinstimmung mit der wohlbekannten humanitären Politik Amerikas warnt euch nun die amerikanische Luftwaffe, die keine unschuldigen Menschen verletzen will, die genannten Städte zu evakuieren und euer Leben zu retten.

Amerika kämpft nicht gegen das japanische Volk, sondern gegen die Militärclique, die das japanische Volk versklavt hat. Der Frieden, den Amerika bringen wird, wird das Volk von der Unterdrückung durch die Militärclique befreien und die Entstehung eines neuen und besseren Japans bedeuten.

Ihr könnt den Frieden wiederherstellen, indem ihr neue und gute Führer fordert, die den Krieg beenden.

Wir können nicht versprechen, dass nur diese Städte unter den angegriffenen sein werden, aber mindestens vier werden es sein, also beherzigt diese Warnung und evakuiert diese Städte sofort."

Hiroshima war nicht unter den in den Flugblättern genannten Städten. Dies war ein beispielloser Schritt unsererseits. Es war etwas, das noch nie von einem Land während eines Krieges getan wurde. Der Schritt wurde von einigen Militärführern kritisiert, die sagten, unsere Flugzeuge würden dadurch „zu leichter Beute" gemacht. Doch als die B-29-Flieger Tokio und andere große Städte mit Brandbomben bombardierten, stießen sie ganz im Gegenteil auf keinerlei Widerstand. Es wurden keine Flugzeuge in die Luft geschickt, und es gab nur sehr wenige Flugabwehrfeuer. Nogorigatu hatte gesagt, es sei fast ein Spiel, als ob die Flugabwehrschützen nicht einmal versuchten, die Flugzeuge zu treffen, sondern nur ein paar Schüsse abfeuerten und gleich wieder aufhörten. Selbst wenn der Feind die Flugblätter zunächst für Propaganda hielt, hätte man meinen sollen, dass er die Warnungen ernst genommen hätte, als die Bombenangriffe Realität wurden. Wir verbrannten und zerstörten ganze Städte mit wenig Widerstand. Es war unheimlich, aber ich glaube, es zeigte ein dem Untergang geweihtes und sterbendes Land das in den letzten Zügen lag. Wir wussten jetzt, dass es in dem Land einen großen Mangel an Munition gab. Aus *No High Ground:*

„Japan, verzweifelt knapp an Kriegsvorräten, verschwendete keinen Treibstoff oder Munition an hochfliegenden Beobachtungsflugzeugen".

Die Entscheidung, Flugblätter abzuwerfen, wurde aus humanitären Gründen getroffen, aber die Atombombe oder irgendeine Sonderwaffe wurde nie erwähnt. Obwohl wir Hunderttausende dieser Flugblätter abgeworfen und den Menschen zur Flucht aus diesen Städten geraten haben, scheinen diese nicht sehr viele Menschen erreicht zu haben.

Lifton sagt in seinem Buch *Death in Life*, dass er in seinen Interviews nur mit einer Person sprach, die sich daran erinnerte, ein Flugblatt gesehen zu haben. Als Kind hatte dieser Mann eines aufgegriffen und zu seinen Eltern gebracht, aber diese verwarfen es als reine Propaganda.

Diese Sache mit den Flugblättern beschäftigte mich. Ich hatte sagen gehört, dass wir vor dem Bombenabwurf Flugblätter über Hiroshima abgeworfen hatten. Aus Zeitungsberichten habe ich erfahren, dass dies nicht geschehen war. Wir wurden sogar kritisiert, weil wir nicht die gleiche humanitäre Sorge für Hiroshima aufbrachten, wie für andere Städte, die wir bombardierten.

In der letzten Woche vor dem Atombombenangriff flogen Geschwader von B-29-Fliegern täglich Angriffe auf das japanische Festland, warfen Tausende von Bomben ab und legten Städte in Schutt und Asche. Ich glaube ernsthaft, dass der Krieg sehr schnell vorbei gewesen wäre, wenn die B-29-Flieger ihre täglichen Angriffe auf die Städte fortgesetzt hätten. Wie lange konnte ein Land unter solchem Druck durchhalten? Die Seeblockade hatte die Versorgungswege abgeschnitten und wir wissen aus unserer Geschichte, dass die Nahrungsmittel bereits knapp waren. Die japanische Regierung wusste, dass die Streitkräfte seit fast einem Jahr verzweifelt knapp an Treibstoff waren.

Aus *No High Ground*:

„Bereits im Herbst 1944 war die (japanische) Marine so an Treibstoffvorräten erschöpft, dass einige der bei den Kreuzfahrten im philippinischen Meer verlorenen Kriegsschiffe wohl deshalb nicht in ihre Heimathäfen zurückkehren konnten, wenngleich sie den amerikanischen Bomben und Torpedos entkommen waren."

Die japanische Armee fertigte Granatendhülsen aus stumpfen grauen Ersatzmetallen an; Messing gab es nicht mehr. Das Land hatte alle seine Metallressourcen aufgebraucht und versorgte die Soldaten mit Kugeln aus Bambus und stattete sie mit Bambusspeeren aus, um die erwartete Invasion zu bekämpfen. Wenn Soldaten beurlaubt wurden, um ihre Familien zu besuchen, wurde ihnen gesagt, sie sollten herumsuchen und alles an verfügbarem Metall mitbringen, um es für Kugeln einzuschmelzen. Die Bambusspeere sollten auch die Hauptwaffe des „Nationalen Freiwilligen-Kampfkorps" sein, eine Art letzter Versuche eines Volkssturms, zu dem bald jeder Japaner mobilisiert werden sollte. Ich frage mich, ob dies etwa noch „freiwilliger" war als die gewaltsame Einberufung der Männer und der Frauen, die in den Fabriken arbeiteten, oder der Schulkinder, die bei der Zerstörung von Häusern für die Feuerschneisen halfen?

Jeder Quadratmeter der Küstenlinie wurde für die Verteidigung vorbereitet, aber in den meisten Fällen bedeutete dies nur Stacheldraht, da es nur wenig Zement zur Befestigung gab. Die Kämpfe wurden von Höhlen in den Bergen aus geführt, denn sie wussten, dass sie die Strände nicht verteidigen konnten. Die Marine hatte schließlich als letzten Versuch die Kamikaze-Taktik der Luftwaffe übernommen. Im Juli wurden 700 kleine Boote, die mit Sprengstoff beladen und nur für Einwegfahrten vorgesehen waren, für den Einsatz gegen die US-Invasionsflotten vorbereitet. Sogar die Propaganda spiegelte die Hoffnungslosigkeit der Situation wider, indem sie dem Volk sagte, es solle bereit sein, „in Ehre zu sterben". Die Rückschau ist eine wunderbare Sache. Von diesem Punkt der Geschichte aus haben wir Zugang zu beiden Seiten der Erzählung.

Meine Nachforschungen offenbaren eine weitere beunruhigende Tatsache. Bereits im Juli 1945 versuchte Japan, einen Weg zur Kapitulation zu finden. Es war nicht einstimmig--es gab immer noch einige Widerstände unter den treuen Militärführern--aber führende Japaner versuchten, den Krieg zu beenden, bevor ihr Land die totale Verwüstung erlitt. Allen W. Dulles, Leiter der OSS-Operationen im besiegten Deutschland, wurde über einen Vermittler ein japanischer Kapitulationsvorschlag vorgelegt. Gleichzeitig versuchte Japan auch, russische Beamte als Vermittler für sich zu gewinnen. Die Russen waren nicht auf Kooperation bedacht und gaben die Botschaften nicht weiter. Es ist nun bekannt, dass Russland sich heraushalten wollte und nicht bereit war, sich in irgendeiner Weise zu engagieren. Ein Autor sagte, dass sie den Eintritt in den Pazifikkrieg so lange verzögerten, bis wir die ganze „Drecksarbeit" erledigt hätten. Sie warteten ab, um zu sehen, wo sie die beste Kriegsbeute bekommen konnten. Russland erklärte Japan offiziell am Tag *nach* dem A-Bombenabwurf den Krieg, so dass diese Anschuldigungen wahrscheinlich wahr waren.

Der Kaiser selbst war derjenige, der darauf drängte, dass die Russen als Kapitulationsvermittler fungieren sollten. Er wollte sein Volk von dem Leid befreien und wollte, dass der Krieg so schnell wie möglich beendet wird. Er war nie für den Krieg gewesen, dieser war von den militärischen Elementen seiner Regierung befohlen worden. Im Juli 1945 schickte er einen Sondergesandten nach Moskau, um sie um Hilfe zu bitten, und bot ihnen sogar Eigentumszugeständnisse an, wenn sie sich für sie einsetzen würden. Die Russen weigerten sich, den Gesandten zu empfangen und brachen zur Potsdamer Konferenz auf. Die Japaner wussten nicht, dass Russland nicht daran interessiert war, einem Verlierer zu helfen.

Aus *The Atomic Bomb and the End of World War II* (im Dt.: Die Atombombe und das Ende des Zweiten Weltkriegs, *Anm. d. Übersetzers) von Herbert Feis:

„Ihr Verlass auf den guten Willen der Sowjets bis zum Ende war eine der Hauptursachen für die endgültige japanische Tragödie".

Die Hauptbedingung der japanischen Kapitulationsbedingungen war, dass sie den Kaiser an der Spitze ihrer Regierung behalten durften. Dies war für sie sehr wichtig. Sie betrachteten ihn sowohl als Gottheit als auch als Führer. Japan bestand darauf, dass es einer bedingungslosen Kapitulation nur dann zustimmen könne, wenn dieses eine wichtige Zugeständnis enthalten sei. Ohne dieses Zugeständnis hatten sie keine andere Wahl, als bis zum letzten Mann zu kämpfen, und zwar mit allen Mitteln.

Man könnte sagen, dass wir wahrscheinlich nichts von dem Aussenden dieser Kapitulationsunterhändler wussten, und dass wir deshalb nicht schuldig waren. Aber die Wahrheit ist, *dass* wir es wussten. Wir hatten die japanischen Codes schon lange zuvor geknackt, fingen ihre Nachrichten ab und überwachten sie. Unsere Regierung war sich voll und ganz bewusst, dass die Japaner zu kapitulieren versuchten, und wir wussten, dass die Kaiserfrage der wichtigste Punkt war. Diese Tatsachen wurden sogar in der New York Times im Juli 1945 erwähnt. Viele amerikanische Führer sprachen sich dafür aus, den Kaiser als Führer des Landes zu belassen. Sie dachten, auf diese Weise würden sich die verstreuten Armeen auf Befehl ergeben und der Übergang des Landes zu einem friedlichen Status wäre einfacher.

Eine Autorität meinte, die japanische Regierung suche nach einem Vorwand, um sich zu ergeben. Er schlug vor, dass sich

Vertreter irgendwo an der chinesischen Küste treffen und diese Dinge diskutieren sollten.

Am 16. Juli wurde die erste Plutoniumbombe in der Nähe von Alamogordo, New Mexico, getestet. Sie war äußerst erfolgreich und verdampfte sogar den dreißig Meter hohen Turm, auf dem sich die Bombe absetzte. Aber man bestand darauf, dass der letzte Test ein „Gefechtsversuch" sein müsse. Die Auswirkungen der Explosion einer Bombe über einer bewohnten Stadt und die davon ausgehende Strahlung waren immer noch unbekannt, der Gegenstand von Theorien und Spekulationen. Während der Experimentierphase hatte es eine Zeit gegeben, in der die Wissenschaftler befürchteten, dass eine explodierende Atombombe den Stickstoff in der Luft und den Wasserstoff in den Ozeanen entzünden und die Erde verzehren könnte. Ihre Befürchtungen wurden teilweise durch weitergehende Berechnungen ausgeräumt, aber dies zeigt die Ungewissheit darüber, wozu die Bombe fähig war. Niemand auf dieser Erde wusste es wirklich. Niemand konnte auch nur ahnen, dass zudem eine neue Krankheit die Strahlenkrankheit entstehen würde, deren Gesamtauswirkungen über Generationen nicht bekannt sein würden.

Als General Dwight D. Eisenhower schließlich über die Bombe informiert wurde, sagte er, er hoffe, dass sie nicht eingesetzt werden müsse, weil er es hasse, die USA als die ersten zu sehen, die eine Waffe mit einem so unglaublichen Potenzial für Tod und Zerstörung einsetzen. Zu diesem Zeitpunkt hatten sechs Kriegsgeneräle der USA Bedenken gegen den Einsatz der Bombe geäußert. Sie wurden von einer Reihe einflussreicher Berater des Weißen Hauses sowie von Trumans Ausschuss und vielen Spitzenwissenschaftlern einfach übergangen.

Nagasaki wurde der Liste hinzugefügt, obwohl man es nicht für das ideale Ziel hielt. Es lag in hügeligem Gelände, was für eine vollständige Demonstration der Bombenkraft ungeeignet war und es war bereits von konventionellen Bomben angegriffen worden. Fotos zeigten, dass sich eineinhalb Kilometer nördlich des Zentrums von Nagasaki ein alliiertes Kriegsgefangenenlager befand. Das Kriegsministerium sagte, das mache keinen Unterschied, da es in praktisch jeder größeren japanischen Stadt Gefangenenlager gebe. Visuelle Bombardierungen seien sehr wichtig, um bestimmte Ziele innerhalb der Städte auf der Liste auszuwählen.

Am 26. Juli wurde Japan ein weiteres Ultimatum gestellt, in welchem es hieß, sich bedingungslos zu ergeben oder „sofortige und völlige Zerstörung" in Kauf zu nehmen. Die Atombombe wurde mit keiner Silbe erwähnt. Kriegsminister Stimson drängte darauf, in das Ultimatum an die Japaner eine Erklärung aufzunehmen, dass keine Gefahr für ihren Kaiser bestehe und sie diese Regierungsform fortsetzen könnten, so das Volk dies wünsche. Er wurde übergangen und dieser Teil wurde in der Botschaft ausgelassen. Warum? Diese Forderung wurde doch schlussendlich zu Kriegsende zugelassen. Die Reaktion in Japan kam unverzüglich, sie konnten das Ultimatum nicht akzeptieren, weil es keine Erwähnung des zukünftigen Status des Kaisers enthielt. Es ist merkwürdig, wie häufig kleine Details das Ergebnis der Geschichte schreiben. Dies war Japans letzte Chance. Truman sollte nichts weiter sagen, bis die Bombe fiel.

Während der Potsdamer Konferenz erzählte Stalin Truman von den japanischen Vermittlungsanträgen, dass er ihre Kapitulationsbedingungen jedoch als „zu vage" betrachte. Aufgrund dessen, was Stalin sagte, und weil er glaubte, die Japaner hätten das Ultimatum rundheraus abgelehnt, beschloss Truman, mit den Plänen für den Einsatz der A-Bombe fortzufahren. Simple Missverständnisse auf allen

Seiten hatten sich miteinander verknüpft, um Japan den Todesstoß zu versetzen.

Die „Enola Gay", die B-29, die ausgewählt worden war, um die erste Atombombe der Welt abzuwerfen, befand sich auf der Insel Tinian, und die Angriffspläne schritten voran. Es sollten sieben Flugzeuge beteiligt sein. Drei würden zuerst starten und die drei Städte auf der Liste überfliegen und über die Wetterbedingungen berichten. Da die Bombe auf Sicht abgeworfen werden musste, war es wichtig, dass es klares Wetter gab. Zwei weitere B-29 sollten die „Enola Gay" von Commander Tibbets zum Ziel begleiten. Eines davon sollte Wissenschaftler mit Instrumenten zur Explosionsmessung befördern und das andere Flugzeug Kameras tragen. Ein siebtes Flugzeug sollte nach Iwo Jima fliegen, weniger als die Hälfte des Weges, und sich für einen Transfer der Bombe bereithalten, für den Fall, dass Tibbets' Flugzeug einen Motorschaden bekommen sollte.

Der Zielpunkt in Hiroshima lag in der Nähe des Hauptquartiers des japanischen Zweiten Armeekorps, aber der Schadensradius sollte mit Ausnahme des Hafengebiets beinahe die gesamte Stadt umfassen. Dadurch sollten viele der in diesem Gebiet angesiedelten Fabriken der Stadt ausradiert werden. Die Explosion sollte sich in der Luft in einer Höhe von 560 Metern über dem Boden ereignen. Die Wissenschaftler glaubten, dass dies die Radioaktivität auf ein Minimum reduziere, sie waren sich dessen aber nicht sicher, weshalb sie anordneten, dass sich in einem Umkreis von 80 Kilometern keine befreundeten Flugzeuge aufhalten durften.

Die Militärberater von Präsident Truman erzählten ihm, dass die Bombe wohl nur 20.000 Menschen töten werde, wenn man davon ausgeht, dass Luftschutzkeller benutzt werden. Sie konnten nicht wissen, dass die Menschen die Bunker nicht benutzten, weil wir zu oft „Wolf" gerufen hatten. Sie konnten auch nicht vorhersehen, dass an diesem Morgen kein Alarm ausgelöst werden würde und die große Mehrheit der Menschen auf der Straße sein würde.

Um 07:09 Uhr überflog der Wetterspäher „Straight Flush" die Außenbezirke von Hiroshima, also zur gleichen Zeit, als die anderen Wetterflugzeuge die anderen Zielstädte überflogen. Das Flugzeug machte eine volle Wende und kam aus der entgegengesetzten Richtung über die Stadt zurück und flog um 07:25 Uhr aufs Meer hinaus. Der einzige Luftangriffsalarm ertönte, als dieses Flugzeug über die Stadt flog. Zitat aus *No High Ground:*

„Nicht ein einziger japanischer Kämpfer war aufgestiegen, um sie herauszufordern, und die wenigen Beschüsse dreitausend Meter unter dem Flugzeug waren harmlos verpufft."

Genau das hat auch Nogorigatu über die Verteidigung der Stadt gesagt.

Alle Städte auf der Liste hatten gute Wetterbedingungen, aber Tibbets entschied sich für Hiroshima. Es war ohnehin die erste Wahl gewesen, weil es von den drei Zielen das unberührteste war. Als die Entscheidung fiel, befand sich die „Enola Gay" über dem japanischen Festland. Bis zu diesem Zeitpunkt wusste niemand, welche Stadt für diese zweifelhafte Ehre ausgewählt werden würde. Es blieb keine Zeit für irgendeine Art von Warnung. Die „Enola Gay" traf auch auf keinen Widerstand oder Beschuss, als sie über die Stadt flog. Um 08:15 Uhr wurde die Bombe abgefeuert und die Flugzeuge mussten enge Wendungen fliegen, um schnell davonzukommen. Die anderen Flugzeuge warfen Bündel mit Instrumenten und Kameras ab, die mit Fallschirmen niedergingen.

Von den visuellen Auswirkungen des durch die Bombe verursachten Schadens wurde später berichtet, dass sie größer waren, als jeder Test hätte vorhersagen können. Mehrere Faktoren kombinierten sich zufällig, um eine größere Verwüstung anzurichten als erwartet. Der erste war der Zeitpunkt der Explosion. Überall in Hiroshima waren Tausende von Kohlengrillen, die in den meisten Haushalten als Öfen dienten, nach dem Frühstückskochen noch immer voller heißer Kohlen. Die massive Druckwelle, die auf die Explosion folgte, warf diese Öfen um und trug zusätzlich zu dem riesigen Feuer bei, das sich weit über das ursprüngliche Explosionsgebiet hinaus ausbreitete und die Holz- und Papierhäuser zerstörte. Der zweite Faktor war, dass die Entwarnung erklang, nachdem die „Straight Flush" auf das Meer hinausgeflogen war und die Menschen auf dem Weg zur Arbeit waren. Als die „Enola Gay" dann mit ihrer tödlichen Fracht über die Stadt flog, wurde kein neuer Alarm ausgelöst. Es war eine Tatsache, dass kleine Formationen von Flugzeugen schon viele Male zuvor überflogen, ohne Bomben abzuwerfen, so dass die Menschen nicht mehr beunruhigt waren. Dies waren einige der Faktoren, von denen die Wissenschaftler glaubten, dass sie zu der Opferzahl beitrugen. Zudem machte die Strahlung, von der die Wissenschaftler angenommen hatten, dass sie den Boden nicht in solch tödlichen Dosen erreichen würde, die Bombe unerwartet tödlich.

Als die japanische Führung herausfand, was geschehen war, waren sie überzeugt, dass der Besitz der Atombombe durch die USA das Ende des Krieges bedeutete. Dies gab ihnen eine gute Entschuldigung dafür, den Krieg zu beenden, ohne „das Gesicht zu verlieren". Sie würden nicht dem Militär, der Produktion oder irgendjemandem sonst die Schuld geben müssen ... nur der Atombombe. Es war ein ausgezeichneter Ausweg aus dem Chaos, das sie geschaffen hatten. Die Armee war nicht so leicht zu überzeugen; sie spielte es in den

Pressemitteilungen herunter. Sie wollten sicher sein, dass es sich um eine Atombombe handelte und nicht nur um eine riesige konventionelle Bombe. Sie weigerten sich rundweg, eine Kapitulation in Betracht zu ziehen, bevor sie nicht eine Untersuchung in Hiroshima durchgeführt hatten. Sie forderten, dass die Wahrheit so lange wie möglich vor der Bevölkerung verborgen bleibe. Den Japanern wurde gesagt, dass sie für ihren Kaiser weiterkämpfen müssen. Aber die Menschen von Hiroshima waren, wenn sie ihren Schmerz an diesem zweiten Tag des Atomzeitalters überwinden konnten, mehr damit beschäftigt, ihre Angehörigen zu finden, als für ihren Kaiser zu kämpfen. Als die ersten Beobachter vor Ort eintrafen, waren sie mit Abscheu erfüllt, und sagten, dies sei eine Zerstörung wie keine andere, die man je im Krieg gesehen habe. Nachdem sie schließlich überzeugt waren, bemühten sie sich verzweifelt um die Kapitulation, und die Pläne wurden schnell fertiggestellt. Aber es war zu spät, denn die Totenglocke hatte bereits für Nagasaki geläutet.

Truman versprach, einen Großteil Japans zu zerstören, wenn seine Führer sich nicht ergäben. Er sagte, sie könnten „mit einem Vernichtungsregen aus der Luft rechnen, wie man ihn auf dieser Erde noch nie gesehen hat". Nur drei Tage nach der Bombardierung von Hiroshima wurde die Bombe auf Nagasaki abgeworfen, wodurch 40.000 Menschen getötet und 60.000 verletzt wurden. Sie zerstörte auch ein Kriegsgefangenenlager und tötete mindestens 16 Gefangene. Aber seltsamerweise hätte der Bombenschütze, wenn er nur etwa fünftausend Meter südlich abgeirrt wäre, ein größeres Kriegsgefangenenlager mit mehr als 1.400 verbündeten Gefangenen zerstört, von dessen Existenz der militärische Geheimdienst nicht einmal wusste. Eine weitere Bombe war für Tokio geplant. Zitat aus *Hiroshima und Nagasaki Reconsidered* von Barton J. Bernstein:

„Truman schrieb kurz nach Nagasaki: Niemand ist über den Einsatz von Atombomben mehr beunruhigt als ich, doch ich war äußerst beunruhigt über den unvertretbaren Angriff der Japaner auf Pearl Harbor und die Ermordung unserer Kriegsgefangenen. Die einzige Sprache, die sie zu verstehen scheinen, ist die, die wir mit ihrer Bombardierung gesprochen haben. Wenn man es mit einer Bestie zu tun hat, muss man sie wie eine Bestie behandeln. Das ist höchst bedauerlich, aber nichtsdestoweniger wahr."

Eine Frage, die die Amerikaner später beschäftigte, betraf nicht Hiroshima, sondern Nagasaki. Einige von denen, die die militärische Rechtfertigung für den ersten Atomangriff anerkannten, fragten sich, welche Entschuldigung es für eine Wiederholung des Gemetzels drei Tage später gab, als die japanische Führung bereits auf dem Weg zur Kapitulation war und verzweifelt versuchte, die Mittel dafür zu arrangieren. Die Antwort ist heute nicht klarer als damals. Zu jenem Zeitpunkt waren nur zwei Atombomben bereit, und der ursprüngliche Befehl an die Männer auf der Insel Tinian lautete, die Bomben bis zur Kapitulation Japans weiter einzusetzen. Niemand änderte diese Befehle. Die Vorgesetzten in Washington sagten, sie hätten keine Kenntnis davon gehabt, was wirklich in Japan vor sich ging. Selbst, nachdem Japan am 10. August die Kapitulation angeboten hatte, setzte die Luftwaffe die konventionelle Bombardierung fort. Truman setzte die Angriffe nach einer kurzen Pause wieder fort, um die Japaner einzuschüchtern und anderen Ländern (insbesondere Russland) und der amerikanischen Öffentlichkeit die Macht der US-Luftwaffe zu demonstrieren. In dem Bemühen, unsere Stärke zu dramatisieren, setzten wir am 14. August mehr als 1.000 Kampfflugzeuge ein. Heute wissen wir, dass der Krieg in Wirklichkeit zu Ende war und dass Japan besiegt war und versuchte, sich zu ergeben.

In *No High Ground* wurden viele an dem Bombenangriff auf Hiroshima beteiligte Menschen später gefragt, wie sie sich dabei fühlten. Ein Mann sagte: „Was ist der Unterschied, eine Bombe oder Tausende?" Ein anderer sagte: „Es machte mich wütend, als herauskam, dass die Japsen versucht hatten, sich zu ergeben, wir aber Angst vor dem Unsinn mit der bedingungslosen Kapitulation hatten. Da Japan bereits geschlagen war, war es ein tragischer US-Pfusch, 140.000 Menschen unnötig zu verdampfen." Ein beteiligter Mann dachte, es wäre besser gewesen, eine Bombe auf den Berg Fujiyama zu werfen und die Spitze des Berges abzusprengen. Dies wäre eine kraftvolle Machtdemonstration gewesen. Noch ein anderer meinte, wenn die Japsen eine A-Bombe gehabt hätten, hätten sie dasselbe mit uns gemacht.

Es ist eine Kontroverse, die auch heute noch andauert, da niemand in der Lage ist, ein absolutes Urteil zu fällen. Viele Menschen sahen die Tötung von 115.000 Zivilisten (unsere Zahlen für beide Bombenanschläge) als gerechtfertigt an, weil dadurch mehr Leben gerettet wurden, als bei einer Invasion Japans zerstört worden wären. Diesen Menschen fällt es schwer, zwischen dem Napalm, das über 78.000 Menschen in Tokio tötete, und der A-Bombe, die etwa die gleichen Opfer in Hiroshima forderte, zu unterscheiden. Lediglich die Methoden waren unterschiedlich. Die Ergebnisse waren die gleichen: der Tod vieler unschuldiger Zivilisten. Einige sagten, dass das Opfer von Hiroshima nicht umsonst gewesen sei, weil es zeigte, dass die Bedrohung durch die neuen Waffen so groß war, dass sich die Welt keinen weiteren Krieg leisten konnte. Dies ist bis zu einem gewissen Grad wahr, wir haben nie wieder einen weltweiten Krieg erlebt, und die Bombe war eine ständige Bedrohung, die an einem seidenen Faden über den Köpfen der menschlichen Rasse hängt. Aber für wie lange? Diese Erinnerungen verblassen in der Vergangenheit, und es gibt heute diejenigen, die von der Möglichkeit des Überlebens eines begrenzten Atomkrieges sprechen. Es wurde gesagt, dass es heute keinen einzigen führenden Politiker gebe, der überhaupt eine einzige Atomexplosion gesehen habe. Wenn sie nur ein einziges Mal Zeuge der gewaltigen Macht werden könnten, die dabei entfesselt wird, würden sie dann noch so selbstbewusst reden?

Natürlich sind dies nur meine Meinungen und ich schätze die Betroffenen möglicherweise völlig falsch ein. Aber es gibt Anlass zur Sorge. Es wäre schrecklich bedauernswert, wenn all diese Menschen nicht deshalb starben, weil die Behörden den Krieg schnell beenden wollen, sondern weil sie Versuchskaninchen in einem massiven, teuren wissenschaftlichen Experiment waren. Ich habe keine Antworten, keine Lösungen, lediglich Fragen.

Zu jener Zeit gab es in Amerika nur wenige Proteste gegen die Atomangriffe, und diese kamen hauptsächlich von Pazifisten, Kriegsgegnern, Geistlichen und Wissenschaftlern. Albert Einstein argumentierte unter anderem, dass die Bombe eine unmenschliche Waffe sei, dass ihr Einsatz nicht notwendig sei, um den Krieg zu beenden, und dass sie ein Wettrüsten mit der Sowjetunion auslösen könnte. (Zusammen mit Sigmund Freud verfasste er 1933 ein Buch mit dem Titel *Why War?*, im Dt.: *Warum Krieg?*, *Anm. d. Übersetzers.)

Ex-Präsident Herbert Hoover stimmte privat zu, dass der Krieg ohne die Bombe hätte beendet werden können, und schrieb, dass ihr Einsatz „mit ihrem wahllosen Töten von Frauen und Kindern, mich empört."

Die meisten Amerikaner freuten sich, dass der kostspielige Krieg endlich beendet war. Nur wenige hatten ernsthafte moralische oder politische Zweifel an der Entscheidung, die Bombe als Kampfwaffe einzusetzen. Aber wie viele von ihnen verstanden damals oder verstehen selbst heute vollständig, was geschehen war? Alles, was für sie zählte, war, dass der lange Krieg endlich vorbei war und dass ihr Leben wieder zur Normalität zurückkehren konnte. Sie blickten nicht zurück, sondern nach vorne. Erst in jüngster Zeit hatten die Menschen Zeit, darüber nachzudenken, was geschehen war.

Ich weiß, dass wir den Krieg beenden mussten, bevor noch mehr unserer Männer getötet worden wären. Es stimmt, es gab viele Kriegsgräuel. Es war ein schrecklicher und erbarmungsloser Krieg, der beendet werden musste, damit wir mit unserem Leben weitermachen konnten. Aber mussten wir ihn denn so führen? Wurde die Rache durch den Tod so vieler Unschuldiger etwa versüßt? Es heißt, dass der Krieg die Hölle sei, und ich glaube, dass der Krieg aus uns allen Monster macht. Ich glaube, es läuft auf das hinaus, was Nogorigatu sagte: „Die Regierungen machen die Kriege, nicht die Menschen." Es stimmt, wenn es nach den Menschen eines Landes ginge, wäre kein Krieg jemals notwendig. Sie werden lediglich mitgerissen. Unser japanischer Freund sagte auch: „Niemand gewinnt einen Krieg! Niemand gewinnt *jemals*!"

Am 2. Februar 1958 wurde der ehemalige Präsident Truman von Edward R. Murrow im Fernsehen interviewt. Das Folgende ist ein Ausschnitt aus dieser Sendung, der in der New York Times abgedruckt und in Robert J. Liftons *Tod im Leben* zitiert wurde.

„Bereuen Sie etwas?", fragte Herr Murrow.

„Nicht im Geringsten, nicht im Geringsten in der Welt", antwortete Herr Truman. Er erklärte, dass die Alternative eine Invasion gewesen wäre, bei der es wahrscheinlich bis zu einer halben Million Tote gegeben hätte. „Und als wir diese mächtige neue Waffe hatten, hatte ich keine

Skrupel, sie einzusetzen, denn eine Kriegswaffe ist eine zerstörerische Waffe. Das ist der Grund, warum keiner von uns Krieg will und alle gegen Krieg sind. Aber wenn man die Waffe hat, die den Krieg gewinnen kann, wäre es töricht, sie nicht zu benutzen." Er drückte die Hoffnung aus, dass die „neue und schreckliche Wasserstoff-Waffe" niemals eingesetzt werde. „Wenn die Welt allerdings in Aufruhr gerät", fuhr er fort, „wird sie eingesetzt werden. Da können Sie sicher sein."

Zitat aus *The Atomic Bomb and the End of World War II* (im Dt.: Die Atombombe und das Ende des Zweiten Weltkriegs, *Anm. d. Übersetzers):

"Fünfzehn Jahre später nahm General Hap Arnold diese Aussage in seinen Bericht an den Kriegsminister auf: ‚Noch bevor die Atombomben-Massenluftangriffe die großen Zentren der Menschheit auslöschten, zerstörte die Zwanzigste Luftwaffe japanische Städte zu einem Preis, der für Japan 50 Mal so hoch war wie für uns. Die Atombombenangriffe sind sogar wirtschaftlicher. Die Zerstörung ist zu billig, zu einfach. Kein Bemühen um internationale Zusammenarbeit wird zu groß sein, wenn es die Verhinderung dieser Zerstörung gewährleistet.'"

Ich denke, dieses Zitat aus *No High Ground* fasst meine Gefühle perfekt zusammen. Der Kaplan William B. Downey war auf der Insel Tinian stationiert, als die „Enola Gay" abhob, und er sagte später:

„Die Menge an Tötungen ist nicht das Thema. Das Falsche ist das Töten selbst, sei es durch Feuerbomben aus Hunderten von Flugzeugen, durch eine Atombombe oder durch eine einzige Gewehrkugel. Der Krieg an sich ist das Übel, das der Mensch besiegen muss."

Ich begann mit einem interessanten Experiment in Hypnose-Rückführung und entdeckte stattdessen eine kraftvolle Antikriegserklärung, die von jenseits des Grabes kam. War dies der Zweck der Erinnerung, die in Katie geweckt wurde, damit diese Aussage in die Welt gebracht werden konnte? Ich habe viel aus dem Wiedererleben des Leidens von Nogorigatu gelernt. Wird unsere Welt etwas daraus lernen? Was sagen wir den Toten? Was sagen wir denjenigen, die damals gestorben sind und denen, die in Zukunft sterben können, wenn die Welt auf diesem Weg weitermacht?

Ganz gleich, auf welcher Seite der Nukleardebatte jemand steht, ich hoffe, meine Geschichte hat zumindest einige Augen für die schrecklichen Möglichkeiten eines Atomkriegs geöffnet--eines Krieges, der nur die Unschuldigen verletzt. Vielleicht offenbart sich in diesem Rückführungsbericht eine Lektion für die Menschheit. Wenn dem so wäre, dann wären all diese Menschen nicht umsonst gestorben. Ich bin froh, dass sich einer von ihnen dafür entschied, in einem Körper zu reinkarnieren, mit dem ich Kontakt aufnahm, und dass er sich dafür entschieden hat, uns heimzusuchen, bis die Geschichte endlich zu Papier gebracht wurde. Ich lernte ihn kennen und lieben. Möge er nun in Frieden ruhen und möge Katie endlich ihr Leben frei von dieser schrecklichen Last weiterführen. Sie wird sie nie wieder belasten, sie hat sie an uns weitergegeben! Was werden wir damit tun?

Literaturverzeichnis

BERNSTEIN, BARTON, J., *Hiroshima and Nagasaki Reconsidered*, New Jersey, General Learning Press, 1975.

FEIS, HERBERT, *The Atomic Bomb and the End of World War II*, New Jersey, Princeton University Press, 1961, 1966.

HACHIYA, M.D., MICHIHIKO, *Hiroshima Diary*, North Carolina, University of North Carolina Press, 1955.

HERSEY, JOHN, *Hiroshima*, New York, Knopf Publishers, 1946.

"Japan," *Collier's Encyclopedia.*

KNEBEL, FLETCHER, and BAILEY 11, CHARLES W., *No High Ground*, New York, Harper and Brothers, 1960.

LIFTON, ROBERT J., *Death in Life*, New York, Random House, 1967.

MOORE, W. ROBERT, "Face of Japan," *National Geographic*, December 1945.

New York *Times*, August 1945.

United States Government Printing Office, *Mission Accomplished*, Washington, D.C., 1946.

Über die Autorin

Dolores Cannon, eine Hypnose-Rückführungstherapeutin und parapsychologische Forscherin, die sich der Aufzeichnung von „verlorenem" Wissen widmete, wurde 1931 in St. Louis, Missouri geboren. Sie wuchs in Missouri auf und ging dort zur Schule bis zu ihrer Heirat im Jahre 1951 mit einem Marineberufssoldaten. Die nächsten 20 Jahre verbrachte sie damit, als typische Marinefrau um die ganze Welt zu reisen und ihre Kinder großzuziehen. Im Jahre 1970 wurde ihr Ehemann als dienstuntauglicher Veteran entlassen und sie zogen sich in die Hügel von Arkansas zurück. Sie startete dann ihre schriftstellerische Laufbahn und
begann, ihre Artikel an verschiedene Zeitschriften und Zeitungen zu verkaufen. Ab 1968 beschäftigte sie sich mit Hypnose und seit 1979 ausschließlich mit Rückführungstherapie und Regressionsarbeit. Sie studierte die unterschiedlichen Hypnosemethoden und entwickelte so ihre eigene einzigartige Technik, die sie in die Lage versetzte, eine höchst effiziente Freigabe an Informationen von ihren Klienten zu erhalten. Dolores unterrichtete ihre einzigartige Hypnosetechnik auf der ganzen Welt.

1986 weitete sie ihre Untersuchungen auf den UFO-Bereich

aus. Sie führte Vor-Ort-Studien bei Fällen mit Verdacht auf UFO-Landungen durch und erforschte die Kornkreise in England. Ein Großteil ihrer Arbeit in diesem Bereich bestand in dem Zusammentragen von Beweismitteln vermutlicher Entführter durch Hypnose.

Dolores war eine internationale Rednerin, die auf allen Kontinenten dieser Welt Vorträge hielt. Ihre siebzehn Bücher sind in zwanzig Sprachen übersetzt. Sie sprach zu Radio- und Fernsehpublikum weltweit und es erschienen Artikel über / von Dolores in mehreren US-amerikanischen und internationalen Zeitschriften und Zeitungen. Dolores war die erste Amerikanerin und die erste Ausländerin, welcher in Bulgarien der „Orpheus Award" für die größten Fortschritte in der Erforschung parapsychologischer Phänomene verliehen wurde. Sie erhielt Auszeichnungen von mehreren Hypnoseorganisationen für ihre herausragenden Leistungen und für ihr Lebenswerk.

Dolores' überaus große Familie hielt sie in stabiler Balance zwischen der „realen" Welt ihrer Familie und der „geistigen Welt" ihrer Arbeit.

Wenn Sie mit Ozark Mountain Publishing über Dolores' Arbeit oder ihre Schulungen korrespondieren möchten, wenden Sie sich bitte an folgende Adresse: (Bitte legen Sie einen selbstadressierten und vorfrankierten Umschlag für die Rückantwort bei.) Dolores Cannon, P.O. Box 754, Huntsville, AR, 72740, USA

Oder senden Sie eine Email an das Büro unter decannon@msn.com oder über unsere Website: www.ozarkmt.com

Dolores Cannon, die am 18. Oktober 2014 von dieser Welt gegangen ist, ließ unglaubliche Errungenschaften im Bereich der alternativen Heilung, der Hypnose, Metaphysik und Rückführung zurück, aber am eindrucksvollsten war das ihr ureigene Verständnis, dass das Wichtigste, was sie tun konnte, das Teilen von Information war. Verstecktes oder unentdecktes Wissen aufzudecken, das von entscheidender Bedeutung für die Erleuchtung der Menschheit und unsere Lektionen hier auf der Erde ist. Informationen und Wissen zu teilen lag Dolores am meisten am Herzen. Aus diesem Grunde schaffen es ihre Bücher, Vorträge und die einzigartige QHHT®-Methode weiterhin, so viele Leute auf der ganzen Welt zu verblüffen, anzuleiten und zu informieren. Dolores erkundete all diese Möglichkeiten und noch mehr, während sie uns auf die Fahrt unseres Lebens mitnahm. Sie wollte Mitreisende, die ihre Reisen ins Unbekannte mit ihr teilen.

Other Books by Ozark Mountain Publishing, Inc.

Dolores Cannon
A Soul Remembers Hiroshima
Between Death and Life
Conversations with Nostradamus, Volume I, II, III
The Convoluted Universe -Book One, Two, Three, Four, Five
The Custodians
Five Lives Remembered
Jesus and the Essenes
Keepers of the Garden
Legacy from the Stars
The Legend of Starcrash
The Search for Hidden Sacred Knowledge
They Walked with Jesus
The Three Waves of Volunteers and the New Earth
Aron Abrahamsen
Holiday in Heaven
Out of the Archives – Earth Changes
James Ream Adams
Little Steps
Justine Alessi & M. E. McMillan
Rebirth of the Oracle
Kathryn/Patrick Andries
Naked in Public
Kathryn Andries
The Big Desire
Dream Doctor
Soul Choices: Six Paths to Find Your Life Purpose
Soul Choices: Six Paths to Fulfilling Relationships
Patrick Andries
Owners Manual for the Mind
Cat Baldwin
Divine Gifts of Healing
Dan Bird
Finding Your Way in the Spiritual Age
Waking Up in the Spiritual Age
Julia Cannon
Soul Speak – The Language of Your Body
Ronald Chapman
Seeing True
Albert Cheung
The Emperor's Stargate
Jack Churchward
Lifting the Veil on the Lost Continent of Mu
The Stone Tablets of Mu
Sherri Cortland
Guide Group Fridays
Raising Our Vibrations for the New Age
Spiritual Tool Box
Windows of Opportunity
Patrick De Haan
The Alien Handbook
Paulinne Delcour-Min
Spiritual Gold
Holly Ice
Divine Fire
Joanne DiMaggio
Edgar Cayce and the Unfulfilled Destiny of Thomas Jefferson Reborn
Anthony DeNino
The Power of Giving and Gratitude
Michael Dennis
Morning Coffee with God
God's Many Mansions
Carolyn Greer Daly
Opening to Fullness of Spirit
Anita Holmes
Twidders
Aaron Hoopes
Reconnecting to the Earth
Victoria Hunt
Kiss the Wind
Patricia Irvine
In Light and In Shade
Kevin Killen
Ghosts and Me
Diane Lewis
From Psychic to Soul
Donna Lynn
From Fear to Love
Maureen McGill
Baby It's You
Maureen McGill & Nola Davis
Live from the Other Side
Curt Melliger
Heaven Here on Earth
Henry Michaelson
And Jesus Said – A Conversation
Dennis Milner
Kosmos
Andy Myers
Not Your Average Angel Book
Guy Needler
Avoiding Karma
Beyond the Source – Book 1, Book 2
The Anne Dialogues

For more information about any of the above titles, soon to be released titles, or other items in our catalog, write, phone or visit our website:
PO Box 754, Huntsville, AR 72740
479-738-2348/800-935-0045
www.ozarkmt.com

Other Books by Ozark Mountain Publishing, Inc.

The Curators
The History of God
The Origin Speaks
James Nussbaumer
And Then I Knew My Abundance
The Master of Everything
Mastering Your Own Spiritual Freedom
Living Your Dram, Not Someone Else's
Sherry O'Brian
Peaks and Valleys
Riet Okken
The Liberating Power of Emotions
Gabrielle Orr
Akashic Records: One True Love
Let Miracles Happen
Victor Parachin
Sit a Bit
Nikki Pattillo
A Spiritual Evolution
Children of the Stars
Rev. Grant H. Pealer
A Funny Thing Happened on the
   Way to Heaven
Worlds Beyond Death
Victoria Pendragon
Born Healers
Feng Shui from the Inside, Out
Sleep Magic
The Sleeping Phoenix
Being In A Body
Michael Perlin
Fantastic Adventures in Metaphysics
Walter Pullen
Evolution of the Spirit
Debra Rayburn
Let's Get Natural with Herbs
Charmian Redwood
A New Earth Rising
Coming Home to Lemuria
David Rivinus
Always Dreaming
Richard Rowe
Imagining the Unimaginable
Exploring the Divine Library
M. Don Schorn
Elder Gods of Antiquity
Legacy of the Elder Gods
Gardens of the Elder Gods
Reincarnation...Stepping Stones of Life
Garnet Schulhauser

Dance of Eternal Rapture
Dance of Heavenly Bliss
Dancing Forever with Spirit
Dancing on a Stamp
Manuella Stoerzer
Headless Chicken
Annie Stillwater Gray
Education of a Guardian Angel
The Dawn Book
Work of a Guardian Angel
Joys of a Guardian Angel
Blair Styra
Don't Change the Channel
Who Catharted
Natalie Sudman
Application of Impossible Things
L.R. Sumpter
Judy's Story
The Old is New
We Are the Creators
Artur Tradevosyan
Croton
Jim Thomas
Tales from the Trance
Jolene and Jason Tierney
A Quest of Transcendence
Nicholas Vesey
Living the Life-Force
Janie Wells
Embracing the Human Journey
Payment for Passage
Dennis Wheatley/ Maria Wheatley
The Essential Dowsing Guide
Maria Wheatley
Druidic Soul Star Astrology
Jacquelyn Wiersma
The Zodiac Recipe
Sherry Wilde
The Forgotten Promise
Lyn Willmoth
A Small Book of Comfort
Stuart Wilson & Joanna Prentis
Atlantis and the New Consciousness
Beyond Limitations
The Essenes -Children of the Light
The Magdalene Version
Power of the Magdalene
Robert Winterhalter
The Healing Christ

For more information about any of the above titles, soon to be released titles,
or other items in our catalog, write, phone or visit our website:
PO Box 754, Huntsville, AR 72740
479-738-2348/800-935-0045
www.ozarkmt.com

Printed in Poland
by Amazon Fulfillment
Poland Sp. z o.o., Wrocław

66577507R00134